文芸社セレクション

熊襲城の真相探究

福盛 修

文芸社

目次

古代の日本はどんなところと思われていたか

倭は江南の呉から来た。春秋五覇の一つの呉は「紀元前４７３年」に越によって滅ぼされた。中国の春秋戦国時代「紀元前７７０～紀元前２２１年」に揚子江の河口地方を領有していた呉とその南の越とが争う。呉と越とは江南地方にあった最初の国である。魏志倭人伝によると、「夏后（王）小康の子、会稽に封じられ、断髪分身して蛟竜の害を避く。倭の水人、好んで沈没し、魚蛤を捕う。分身し、またもって大魚水禽を厭う。のちややもって飾りとなす。諸国の分身各々異なり、あるいは左に、右に又はおおきく、あるいは小さく、尊卑により差あり。その道理を計るに、会稽《郡》東治（県）の東にあたる。」

太宰府天満宮には「翰苑」の書写が伝来した巻物があるそうで、その翰苑に「倭人は、分身墨面してなお、大伯の苗と称す。」とある。

会稽の地は、越の本拠地で、越の習俗と倭の習俗とが似ていることを指摘し

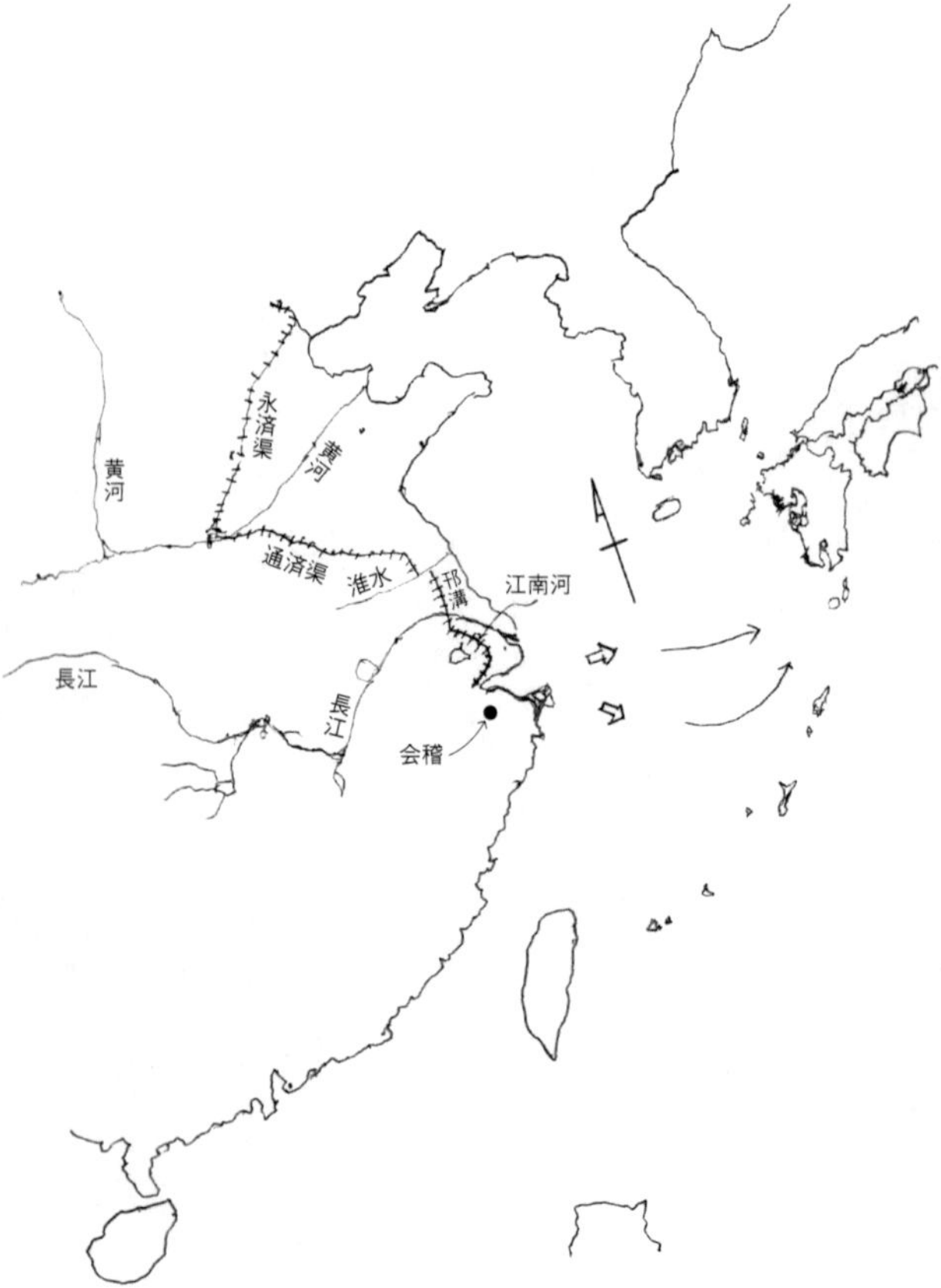

会稽

ている。

越と戦った呉は、周の文王の伯父・太王の子の太伯（泰伯）と仲雍とが建てた国である。

周の太王の長子太伯と、次子仲雍は末子の季歴（王季）に継承権を譲り、南に移って、呉を建てた。論語の泰伯篇には、呉の泰伯は最高の人格者であると、褒めたたえている。

司馬遷の史記では、「太伯と仲雍は荊蛮にはしり、分身断髪して、末弟に譲った。」とある。

呉は春秋戦国時代第19代の王の寿夢の代（BC585～BC561年）に強大となり、呉王と称して、楚に対抗し、その都郢《えい》を陥れたが越王勾践の為、闔閭の時敗北した（BC496年）。呉もまた、入墨・断髪の風習を持っていた。

春秋穀梁伝に哀公13年の条に「呉は髪を断ちて、身に文す。」とあるそうだ。ところが、翰苑には「倭人は、分身墨面して、なお、大伯の苗と称す。」とある。

魏略では「その俗、男子は皆、墨面分身す。その旧語を聞くに、みずから太白の後という。」と記している。

従って、倭人と呉の王朝とは、祖先を同じくすると言うのである。「晋書倭人伝」「梁書倭人伝」「北史倭伝」等にも同様のことが記されている。

宋の末、元の始めの頃の歴史家で金履祥（金仁山ＡＤ１２３２～１３０３年）が「通監前編」のなかに次のようなことを述べている。「日本いう。呉の大伯の後なりと。けだし、呉亡んでその支庶、海に入って倭となる。」

なお、『周は姫姓であった。』そのため、周から出た『呉も姫姓であった。』

日本が姫氏国と呼ばれるのはなぜか

日本書紀の平安時代の講義の筆記ノートの記録の「日本書紀私記」に『日本国が姫氏国と呼ばれるのは何故か。』という質問を載せているそうだ。その当時はこれに答えられなかったとみられる。ここで、声を大にして、私はこの答えを返答できると言いたい。

魏志倭人伝によれば、倭人は「租賦」を納めていたという。ところで、姫氏国の場所であるが、それは、昔、「曽の国」、鹿児島弁で「ソノクイ」と呼ばれていた。現在では「霧島市国分姫城・隼人町姫城」であると言いたい。

歴史学者の梅原猛氏によれば「姫木」という。天然要害の地である。実は私の郷里である。

「霧島市隼人町姫城字中城」というところである。それより南に下ったところ

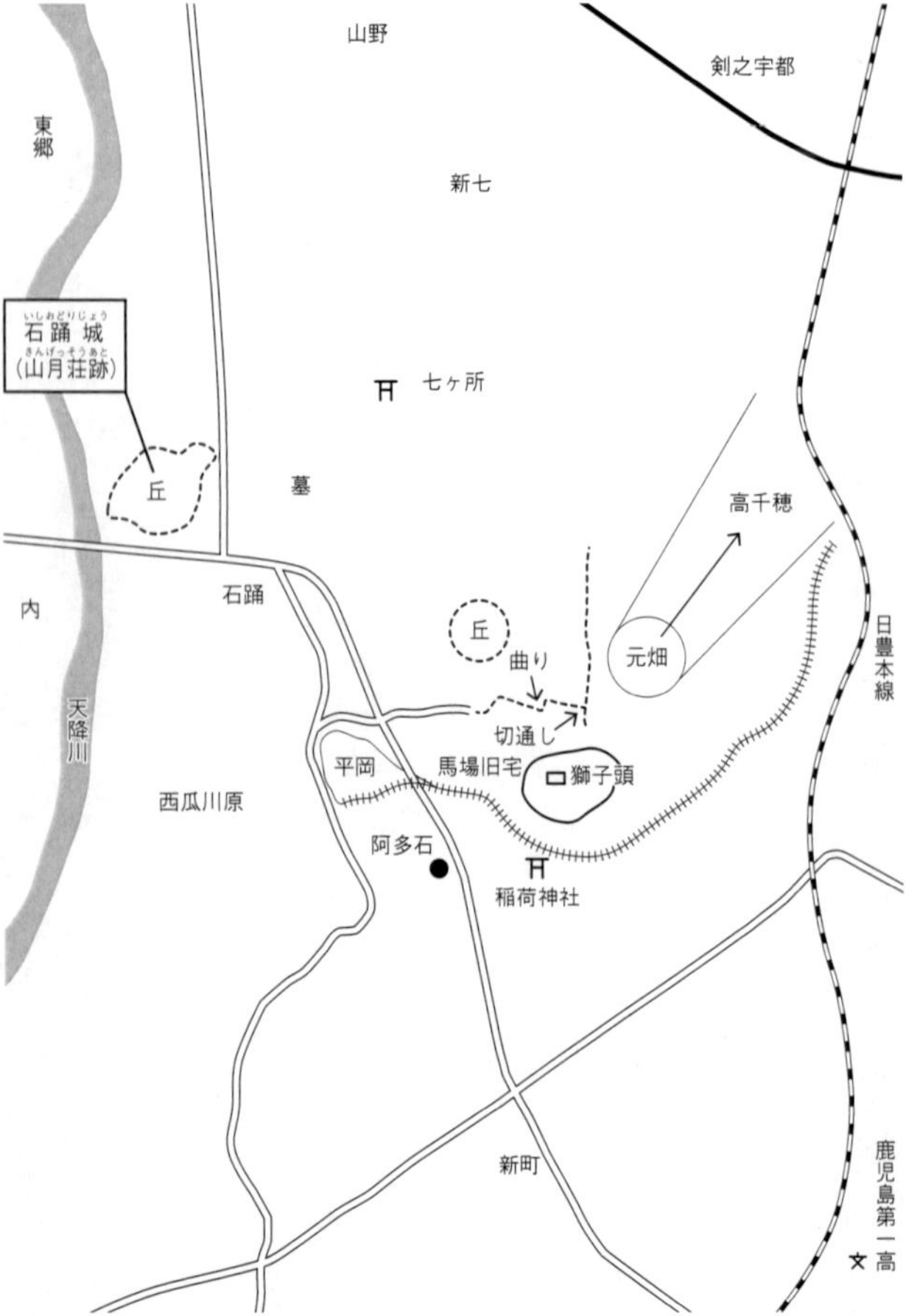

山野
剣之宇都
東郷
新七
石踊城《いしおどりじょう》
（山月荘跡《きんげっそうあと》）
七ヶ所
丘
墓
高千穂
石踊
内
丘
曲り
元畑
日豊本線
天降川
切通し
平岡
馬場旧宅
獅子頭
西瓜川原
阿多石
稲荷神社
新町
鹿児島第一高

姫城地図

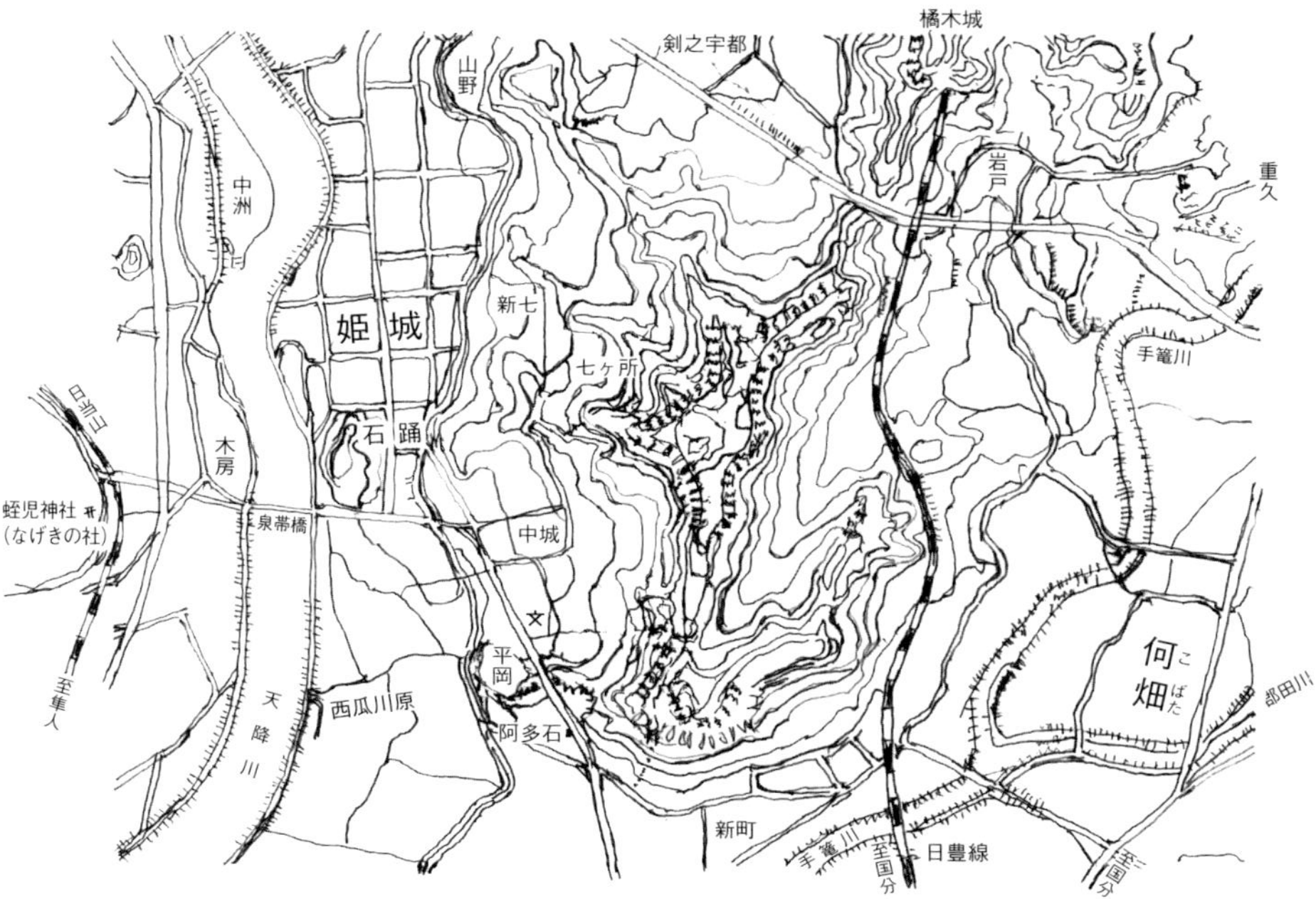
橘木城
剣之宇都
山野
重久
岩戸
中洲
姫城
新七
七ヶ所
手篭川
日当山
石踊
木房
蛭児神社
(なげきの社)
泉帯橋
中城
平岡
西瓜川原
阿多石
天降川
至隼人
何畑《こばた》
部田川
新町
手篭川
至国分
日豊線
至国分

姫城地形図

に「アタイシ（阿多石）」というバス停がある。私が小さい頃までは県道の脇に広さ3畳程の大石があり、県道より、1mより少し高い位の石であった。今はもう見当たらない。

また、その阿多石より北へ県道を行けば新町組の建設会社があり、その向かいは天国葬儀社があったが、現在は建設会社のみである。

少し上り坂が残っているが、昔、子供の頃は切通になっていて、右側の崖に耳の神様が奉られ、左側の崖には防空壕となっていた。

私の父によると、その切通は県道が通る前は登って峠を越えなければならなかったそうで、阿多石側が外姫城で、中城側は内姫城で、外姫城側は険しく、簡単には登れそうになく、内側は平たい所があって、外側の最頂部には更に盛り土があって、1・5～2m程の擁壁かなと思うような盛り土（防塁）があった。

その防塁の続きのように切通の東側は国頭に向かって尾根が次第に高くなっていた。その尾根は崖に突き当たって国頭には登れない崖があって、そこには戦時中の防空壕があって、高射砲のあった場所である。とても見晴らしが良く防空壕は涼しい場所だった。

切通から西側は先程の防塁があって、ぐるりと廻るように外姫城側から登り辛くなるようになっていて、北西の平岡という丘の頂部に至る。

その頂部は1・5～2m位、高くなっていて、8～10m程の幅で、子供ながらに、塚になっていると思っていた。なお、塚の下部を掘った跡が2、3ヶ所あって、水が溜まっていたが、探ってみたことはなかった。どうなっているか探ってみたいと思ってはいたが、その機会はなかった。

そのうち、平成になってからと思うが、平岡が削られ、造成宅地となって、今はその土塁はなくなった。私の母がその開発造成の時に、貝殻がいっぱい出てきて、トラックで搬出したと教えてくれた。貝塚があったのは確かである。しかし、史跡調査は行われなかったのでは。資料が残っていればよいが、なければ残念である。

また、平岡のような丘が他にも3か所見られる。北側の菅原神社と山月荘跡(石踊城)、それと中城の中腹に出城と呼ばれる丘があり、再頂部に平岡と同じように塚があったが今はどうなっているか機会があれば確認したい。

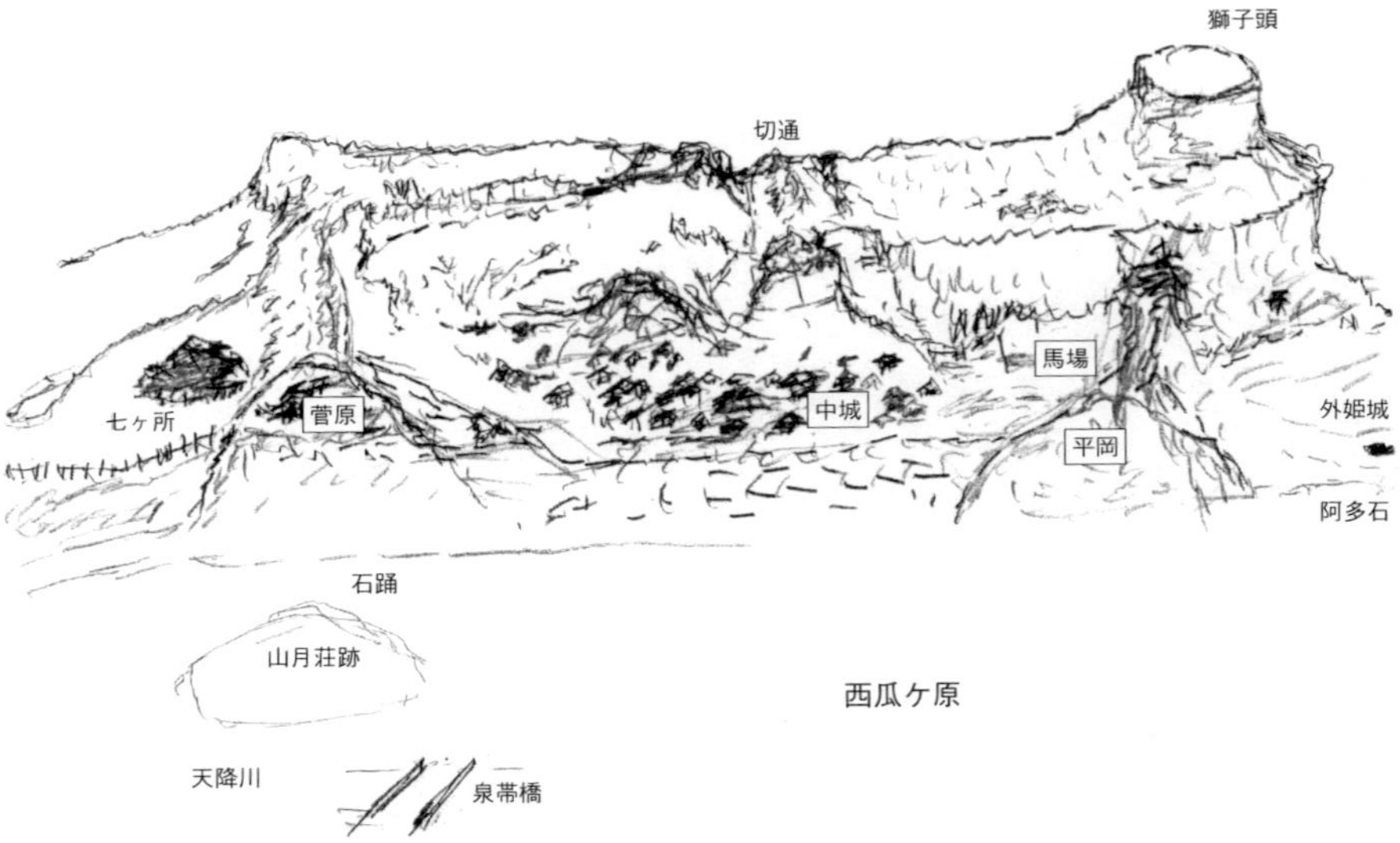

姫城鳥瞰図

山月荘跡（石踊城）は面影もなく削られ、今は公園となっている。城山に登るには、中城下の平岡口の「ごはん家」前より入り、東に真直ぐに小道があり、次第に登ってゆくと左に折れ湧水の水も小道に流れていて、沢蟹がいっぱいいて、人が通ると、さっと、見え隠れしながら散っていく様子が面白かった。その道は折れを戻すように東に向かって登って行く。

左に崖を見ながらさらに登れば、正面は崖に突き当たる。左90度に向けばそこは岩だらけの滝壺で、その向こうには、空の滝のような崖である。その滝壺から登るには更に、左90度につまり、西に向くことになる。滝の手前脇に砦の丘があり、その砦の丘をぐるりと180度回りながら一人毎にしか通れないV字の谷の小道となっている。

更に、東に登って行けば切通になっていて、広い場所に出る。昔、私が子供の頃は畑もあったようで、里芋とかが植えてあった。

この場所は殆ど山に囲まれていて、北東側だけが開けていて、緩やかに下って行く。

所謂、氷河の流れた跡のようにカール状になっている地形なのだ。その先へ行けば日豊本線の線路に出る。しかも、そこからは霧島山を望める。

その切通より左直角に折れて登りの小道があり、登り切れば、尾根の背の狭い小道となり、見晴らし場が現れる。西側は垂直の絶壁、東側も崖となって数メートルの幅しかない。その細道を北に進めば少し広くはなるが、ほとんど降りれる場所はない。ここが短期的に避難籠城場所とはなるが、長期間は無理である。ただし、子供の頃、椎の木の枝を伝って上の木より下の木に伝って降りたことはある。それは七ヶ所の菅原神社への尾根伝いにである。

従って、長期にわたる場合は畑のある辺りが守られる場所になると私は思う。時代を遡れば、戦国時代《島津、馬場、本多、税所氏》の遺跡、あるいは、隼人の遺跡、又は、周の子孫《呉・越・楚など姫姓》の遺跡としての物が出土しないかなと、想いを馳せる場所なのだ。何故なら、鹿児島弁で「ソノクイ」に特に引っ掛かるのである。「曽の国」⇓「楚の国」にだ。

その山城の周りは、椎の木で覆われて秋には椎の実が無尽蔵に実って、子供の頃、戦後食糧難の空腹を満たしてくれた。古代人も椎の実を食料にして、魚介類や鳥獣を食料にすれば、この山城で、久しく楽に過ごせたのではなかろうか。水も西側の登り口に湧き水も湧いているし、海も平岡より西や南西側に直に海辺があったのではなかろうか。何故かと言うと、今では天降川の西側に「なげきの杜」という、蛭児神社がある。神話に出てくる、伊弉諾《イザナギ》、伊弉冉《イザナミ》の2神の間に生まれた最初の子供の流れついたという場所である。

3歳になっても脚が立たず、小舟に乗せて流し捨てられた、蛭子《ヒルコ》の御子の小舟の漂着した場所なのだ。

さて、漂着した事は解っているが、流した所は何処だろうか、と考えた時に、天降川の上流とは考えにくい。神話では高千穂の峰からではと考えてしまうが、とても考えられない。

私の勝手な想像を馳せれば、中国の会稽辺りから流れ着いたのではと、強く思う次第だ。

会稽の恥を濯いだ勾践の相手、呉王夫差が流したと想定すれば、合点が行くのだ。

「臥薪嘗胆」の元になった故事の結果ではないのか。

全人山《ざんじんざん》の通鑑前編に「日本言う。呉の大伯の後なりと、けだし、呉亡んで、その支庶、海に入って倭となる。」と、宋代AD1200年代後半頃述べている。その時から1700年以上遡った頃の話であるが、信憑性はあると私は思う。また、平安時代の講義の筆記ノートの記録を思い出す。「日本国が姫氏国と呼ばれるのは何故か。」と言う質問を考慮すれば、推測に過ぎないにしろ、この姫城がその地であると主張したい。

夫差は自殺したと伝えられているが、殺されたわけではなく、戦いに敗れて、平家の落人のように、一族は安住の地を求めて海に逃れたのではないだろうか。会稽の地から逃れようとしたら、東若しくは南東に船出したと思われる。どの程度の船であったかは不明とはいえ、一国の王の子孫であったので、大海を翔る船と私は想像する。周王朝の子孫であることを考えれば、高度な智恵と技術によって、黒潮に乗って、開聞岳付近に上陸し、鹿児島湾の奥に安住の地を探し当てたのではなかろうか。追手のことを考えたら、半島に囲まれ、敵が船でやって来ても、直ぐ確認が出来、対応できる、湾奥が最適である。

改めて山城の畑の平地を考えてみれば、風水の北北東側が鬼門方向にあたり、敵の侵入の容易な所となる。西側はV字の細道のみであり、しかも、曲がりとなっており、入城制限しやすく楽に守備可能である。その他は要害の崖に囲まれている。風水の語源にも成ったような場所である。鬼門側の入り口付近には税所氏の館があったと聞く。日豊線の線路があり、その先に以前、地ビールの工場があって、小高い所にあって、館のあり場所としては最適の場所と思う。さらに北東に行くと、重久の隼人塚にたどり着く。大伴旅人の朝廷軍に滅ぼされた隼人の乱の処刑者の塚である。さらにその先には、止上《とがみ》神社があり、税所氏・島津氏の保護を受け、大隅では、一、二の宮となって受け継がれている。神楽の面多数が古くから受け継がれている。また、鬼門の税所氏の館跡付近より北へ行くと岩戸温泉があり、城山の尾根が低くなり橋木城へと続いている。岩戸温泉より西へと峠を越せば「剣之宇都」という地名がある。鹿児島弁で「ケンノート」と言う。謂れ由来を調べたいものである。

殷の時代は征服者が被征服者を迫害したそうである。周の時代となって、被征服者であっても、能力に応じて、再任登用した。勿論、周王朝に近い者から階層等級を設け、青銅器等を授けて、権威を持って封じた。周王朝は殷王朝の

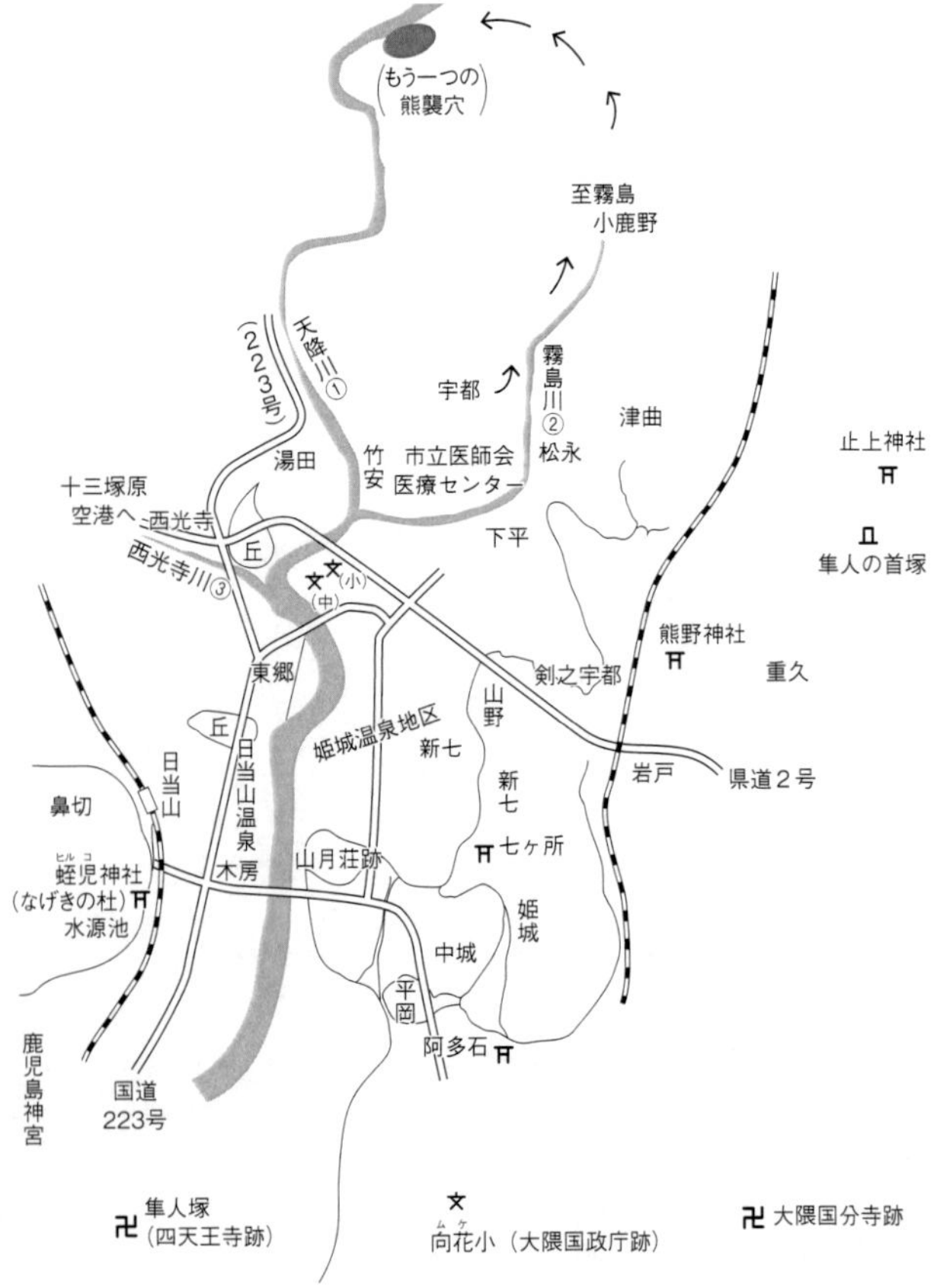
(もう一つの熊襲穴)
至霧島
小鹿野
天降川①
(223号)
霧島川②
宇都
津曲
止上神社
湯田
竹安
市立医師会医療センター
松永
十三塚原
空港へ
西光寺
西光寺川③
丘
(小)
(中)
下平
隼人の首塚
熊野神社
重久
東郷
剣之宇都
山野
丘
姫城温泉地区
新七
日当山温泉
日当山
新七
岩戸
県道2号
鼻切
七ヶ所
山月荘跡
蛭児《ヒルコ》神社
(なげきの杜)
木房
水源池
姫城
中城
平岡
阿多石
鹿児島神宮
国道
223号
隼人塚
(四天王寺跡)
向花《ムケ》小（大隈国政庁跡）
大隈国分寺跡

姫城付近図

「巫祝王」的な祭政一致統治ではなく、人文文化的で、血縁を重視した宗法や封建制度による統治方法を編み出した。宗族内の長幼尊卑を定めて、社会秩序を安定させることが出来た。それにより、封建制度が強固となり、各々の立場の人を保障することになり、より安定な社会を創ったと言える。周王は領地を配分する時に、爵位と人民と共に官服や香草酒、弓、矢、など征伐権を象徴する武器も下賜した。従って、天皇制の三種の神器はこの流れを酌むと言える。

大和朝廷が隼人を徴用して、天皇の警備を任せたのは、隼人が封建制度の権威に対して非常に従順な社会の風習があったからと思う。というのも、「剣之宇都」なる地名があり、しかもその奥には「宇都」という部落の地名もある。この地は、自らこのような地名を名付けられる立場の権威ある人物が存在したと言える。この「剣之宇都」なるところより天降川を上流へ登って行けば、折橋・妙見というところに熊襲穴がある。そこは日本神話の川上タケルの終焉の洞窟である。川上タケルこそ、その権威ある爵位を持った人物であったと思われる。

従って、大和朝廷が隼人を徴用し、なお、神話にもこの川上タケルを取り入れたのは、周の冊封を受けた習慣を取り入れ、安定した社会制度を採り入れたかったのであろう。

中国の王朝が長期に亘り安定していることは難しく、殆ど北夷・西夷に滅ぼされることが多く、前の王朝は難を逃れるため、海中に安住の地を求めて旅立った人々があったであろう。

神話の世界に戻れば、「なげきの杜」の蛭児神社にたどり着く。そこには古い空洞の楠木が残っている。漂着者には向かいの姫木の山は安住の地に見えたであろう。

ところで、姫姓の氏族「周・魏・呉・蜀・越・楚・燕・鄭……」とても氏名を揚げきれないが、冊封を授けた氏族の一部が流れ着いたと思う。年代がいつか、どの氏族かは特定できないが、BC1050、BC473、BC221、あるいはADも有り得る。

鹿児島弁の「ソノクイ」⇓「曽の国」⇓「楚の国」の地名があり、渡ってきたのは1度2度のことではなく、何回もあったであろう。

鉄器と貨幣は殷周の時代に登場し、春秋戦国時代にかけて広まった。殷代の鉄器は鉞《エツ》が3点、戈《カ》が1点出土している。本体部分が青銅製で、刃の部分が鉄製の武器で、刃に隕鉄を使用し、加熱して製作されていたことが判明した。西周時代の鉄器はこれまで7点が確認され、短剣・矛・手斧が各1点、戈・削刀が各2点である。西周末期（BC800年前後）と推定され、殷代と同様に本体部分は青銅製が主で、短剣の柄は玉でできていた。戈の刃部は塊錬鉄で、短剣は塊錬滲炭鋼になっていることが判明した。春秋時代になると、生産工具・武器・日用品具まで鉄を用いて低い社会階層まで普及していた。さらに戦国時代になると車馬器具・甲冑などの防具及び帯金・帯飾り・縫製具まで使われるようになった。

西周の中後期に宝貝の貨幣文化が廃れてから青銅を中心とした金属貨幣が出始め、初期には貝殻の形を模して鋳造されていた。やがて、農具の鋤を模した布幣が出て、楚では銀の空首布、周では平肩孤足空首布などの貨幣が登場する。

春秋時代は金属貨幣の登場で商業が盛んとなり、農業・塩業・漁業など社会の発展と共に鉄器の普及も広がった。戦国時代になると、鉄製農具が牛耕と共に本格的に普及し、作業能率が飛躍的に伸び、人口の増加と共に手工業の発展をもたらし、製塩・木工・冶金・紡織などの新しい産業が興って、商工業が急速に発展した。ただし、貨幣が各国毎で異なり、経済圏が拡大してくると、混乱をきたした。秦が半両銭を（BC330年頃）から、鋳造し、国家公認の貨幣として流通させることにより経済的に有利となり安定し、統一に繋がったのではないかと言う説も出ている。

周に代わって中原に勢力を振るった春秋の「五覇」と戦国の「七雄」がBC221年の秦の始皇帝による天下統一まで、500年にわたって多国による乱れた時代を続いた。

呉がBC473年に滅ぼされ、越がBC334年に楚に滅ぼされ、楚がBC223年に滅ぼされたが、周の系譜は守られ権威を失うことなく受け継がれた。従って、姫姓も代々受け継がれた。

どの時代の人々が来たかは特定出来ないが、姫氏国の「なげきの杜」に辿り着いたと言えるのではないだろうか。

曽の国と呼ばれる所であり、楚の国の人も辿り着いたであろう。揚子江流域の江南の地は温暖で多雨な所で、雨風さえ凌げれば生きていける照葉樹林帯の地域である。この地域も同じ照葉樹林帯にある。

私が小学生の頃、山に入るときは、冬場は良いが、虫や小動物が豊富で、長靴を履き、長袖を着て体を保護して山林に入らないと、ダニ、クモ、蜂、蛭、マムシなどがいてとても危険であった。しかし、秋口になると、椎の実、アケビ、山いちご、グミ、山ぶどう、桃など子供の空腹を補う物があった。ケセンの木の根、栗、山芋、零余子《むかご》などもあった。椎の実は一本の木株でかなりの量が収穫できる、しかも、山の殆どが椎の木だらけで、昔の人は、椎の実でも楽に暮らして行けたと思う。コジュケイ、雉、ヒヨドリ、山鳩、ウサギ、イノシシなどがおり、罠をかけて捕えれば、ご馳走にありつけたのではなかろうか。江南の地は、私が育った姫城の山中と同じ様な気候で「断髪分身し、蛟竜の害を避く」の意味が良く解る。冬でない限り、虫や小動物の被害を受ける。煮炊きをする為には竈《かまど》の燃料の小枝を取りに、山中に入り、柴刈りをしなければならない。草木の汁で入《い》れ墨《ずみ》をして虫からの被害を避けなければならないのだ。

山に食料が少ない時は、海や川に行き魚介を捕えなければご馳走にありつけない。季節に合わせて、魚介を取ったり、山中で採集したり、捕えたりして生きてきたのだ。

私が小学生の頃、山中に罠を良くかけていた。その周りにある物を利用し、小刀、鉈、あるいは鎌を使って作るのだ。

工夫しないと、なかなか、手に入れるのは難しい、撓りの良い棒・細くて強い糸・杭として使う枝の又部・獲物の餌・カモフラージュ用の雑木など、照葉樹林では直ぐ手に入るものであるが、獲物に感づかれないようにしなければなかなか取れない。然も、罠にかかったのに頻繁に巡回しないと逃げられたり、他の人や動物に取られてしまう。

昔の人も同じように知恵を使って四苦八苦しながら猟をしたであろう。

私が幼いころ、罠までは上手く出来ても、ほかの遊びで忙しく、巡回が少なく取り逃がしていたが、巡回を増やしたら手に入れられ、ご馳走にありつけた思い出がある。

昔の生活を思い起こせば、鶏を飼い、山羊を飼い、犬を飼い、畑や田んぼを耕し、牛馬を飼っている農家が多く見られた。麦藁葺きの家がかなり残っていて、納屋は殆どが麦藁葺きであった。昭和30年代初頭まで、荷馬車が殆どで、大八車と同じく車輪は木枠に鉄バンドの車で、車道は砂利道であった。タイヤのある車はタクシー・バイク・自転車・自動車・リヤカーでバスはほとんど見られなく、隼人の駅まで馬引きの定期の馬車があった。時には貸切の花嫁さんの馬車となって利用されていた。勿論タイヤ付きであった。

小学生の頃、何年生であったかは忘れてしまったが、大学生か研究者らしき人より、城山について尋ねられたことがある。姫城小学校（明治2年開校、現在廃校）の校庭で遊んでいるときであったが、洞穴など、珍しい所はないか尋ねてきた。別に、洞穴らしき所は知らなかったが、切通を登って右に折れ、また、右に登れば、少し傾斜が緩やかな所に、大きい3、4m程の岩が多数転がり落ちてテトラポットの様に重なり合って、岩と岩の間に潜り抜けられる三角の抜け穴はあるけれども、洞穴は知らなかった。また、小学校高学年の頃だと思うが、姫城小学校の南端の県道から用水路を渡った道路口に看板標識が立った。「熊襲城」の立て看板である。「城山」を「熊襲城」という案内板である。

子供として違和感があったが。この案内板を訪ねてきた人がある。それは昭和41年（1966年）4月7日NHKの新番組の「ふるさとの歌まつり」の前の日のこと。国分の文化会館で新番組の初回の中継が行われ、その司会役である「宮田輝アナウンサー」であった。宮田輝氏はタクシーに乗ったままで、興味深げに尋ねてこられたが、何も答えることが出来なかった。今であったら、いろいろ話をしてみたかったが当時としては、漠然としたものであったので残念である。当時の宮田輝といえば人気絶頂の人であった。

隼人の乱

ところで、菅原神社の奥に「七ヶ所」という地名がある。私が子供の頃、人家はなく、杉林と湧水による段々の田んぼであった。それより下ると「新七」という部落がある。

宇佐八幡託宣集によると、「宇努首男人が八幡に祈って出兵した。隼人達は七ヶ所に城を構えて対戦したが、曾於の石城《いわき》と比売の城が残って難を極めたが殲滅した。」とある。

宇佐八幡託宣集では他の5城は落ち2城が残った、と伝えているが、「七ヶ所に城を構えて」というのは「7つの城」ではなく、この「七ヶ所」という場所のことではないかと、私は思う。と、言うのも、「新七」という部落も急な高台になっており、さらに緩やかに登った所が「七ヶ所」である。その背後は這って登れば何とか登れる険しい斜面であり、登り切れば八方崖で安全な細長

姫城遠景

い峰の尾根である。守りの城を構えるなら「七ヶ所」が最も優れた場所だと考えられる。湧水が田んぼを潤すほどあり、また、外部から窺い知るのが難しい所である。

養老４年（ＡＤ７２０年）２月29日「隼人叛《そむ》きて、大隅国守陽侯史麻呂を殺せり」の急報が奈良の朝廷に大宰府から飛駅により伝えられた。朝廷軍はいつから派遣されたかは明らかではないが、「６月の戦況を伝え、大伴旅人将軍は原野にさらされて久しく、隼人の賊を治められず、真夏の極暑を迎えつつある。」と、８月には将軍は帰朝を許された。しかし、副将軍以下はそのまま残り、翌養老５年（ＡＤ７２１年）７月に帰還と伝えている。

この戦の様子を私なりに想像してみたいと思う。

新七から七ヶ所という場所は先にも述べたように、西側は急な傾斜になって、下の用水路を渡ると15〜20ｍの高低差を登らなければならない。登り切れば２ｍ幅ぐらいの用水路があり、それを渡ると緩やかな傾斜地となる。北側は山野地区に面し、急ではない傾斜地となっている。東側は登れない山側となる。南側は中城地区で菅原神社は城山より続く尾根である。この尾根越えを南側からするには、最も低い菅原神社前の峠を通るルートしか無いとも言える。南側からはとても急である。

従って、大伴将軍率いる朝廷軍は最終的には山野地区を抑えて、七ヶ所に向けて南進して攻めて山の尾根伝いに追い上げ、細い岩山脈の細道へと追いやり、切通のある元畑の北東しか開けていない、山に囲まれた場所まで追い込んだと思われる。氷河で「カール」と呼ばれるような地形で北東に抜けているのである。その開けた北東の先には高千穂の峰が見事に映し出される場所である。古人の祈祷の場所ではないかと私は思う。

最期を迎える隼人達は高千穂の峰を拝みながら、北東に逃げたと考える。その北東の先には隼人の首塚のある場所である。その間高千穂の峰を遮るものはない。現在は日豊本線がそのカールを横断している。隼人の乱の時代は崖があったかは分からないが、高千穂の峰を拝みながら飛び降りたのでは、と思う次第だ。

続日本書紀では斬首獲虜合わせて１４００余人の犠牲者を出し、１年数ヶ月を要する戦いであった、と伝えている。どうして、１年を越すようになったのかは、当初中城地区に構えたのでは、西側を守れば守りやすい場所である。西側は新七程ではないが傾斜地である。また、菅原神社の尾根より西側の墓まで続く尾根の先には離れ小島の様に山月荘跡（石踊城《いしおどりじょう》）の丘がある。山月荘跡の丘の直ぐ下は天降川である。この山月荘跡の丘からの眺めは非常に良く、霧島の山は殆ど見え、桜島の様子も良く見える。中城地区では殆ど見えない。平岡・菅原神社の丘に登らないと見えづらい。

古人は山月荘跡の丘上に見張りを置き、各丘への連絡を取ったとみる。もちろん、城山の獅子頭からは殆どのところの見張りは出来たであろうが、山月荘跡の丘は西と北からの攻めへの前線基地であったであろう。

天降川を挟んで向こう側は蛭子の流れ着いた蛭児神社である。大昔は入江で鹿児島湾の奥の場所である。また、蛭児神社の北の場所に鼻切《はなきれ》という台地への登り口がある。それを登りきると、十三塚原《じゅうさんづかばる》という台地上に出る。その十三塚原の塚の言い伝えによると、豊後国の隠密の神官達の塚であるとのこと。長承元年（ＡＤ１１３２年）11月宇佐八幡と国分八幡との正統争いで犠牲となった13人の神官達（当時は神仏習合で僧侶でもあった）の墓である。国分八幡側では罰当たりによって大木の下敷きになったと伝えられている。何れにしろ、鼻切より降りるか、海を経て山月荘跡の丘付近より中城地区の方に攻めたのではないか。中城地区を制圧しても、曲がりのある切通からカール内に逃げ込めば、そこは又、攻め側にとっては大変な所である。また、菅原神社前より七ヶ所方面に逃げ込めば、同様、攻め側にとっては大変な場所である。従って、中城地区側からはここまでで、攻めはこれ以上無理と言える。「七ヶ所」に城を構えると、山野地区からの攻めに集中すれば守るのは容易である。なぜなら、カール部で煮炊きをし、寝起きをすれば、交代制で「七ヶ所」を守れるのである。古人もカールで安眠できただろうと想像できる。なにせ、台風が来ても風を防いでくれる場所だからである。この城山は椎の木に覆われ、椎の実を保存しておけば、長期に食を補うことが出来る。

しかし、大軍で逼れれば逃げ場はないのだ。恐らく、「七ヶ所」より攻め上がった大伴軍が細い屋根上より弓矢で追い立て、隼人達は高千穂の峰を拝みながら最終地の止上神社の前まで逃げたと思う。「止上」とは「止神」で「高千穂の峰を拝み跪《ひざまず》いている隼人達を止めた神」と言う意味ではないかと思う次第である。

「七ヶ所」より攻め上がるには大軍でも容易ではない、恐らく、最後には火を放ったのではなかろうか。通常では、上からが有利であるが、上が狭い場所では火を放たれれば逃げざるを得ない。細い最頂部の岩場を抑えれば「カール」部はひとたまりもないのである。

養老4年（AD720年）2月29日大隅国守陽侯史麻呂を殺して、副将軍以下の帰還が養老5年（AD721年）7月で、梅雨頃に平定されたと想像できる。1年と4か月、よく耐えたものだと思う。この季節は山中では虫、蛇が動き回って、安眠出来ず、体力を奪われ、病気が出たりして、士気も奪われ、最期を迎えねばならなくなったのだと想う。

私の私見では「新七」「七ヶ所」及び「カール」（祈祷場所）など開発の波は来ていないので、今の内に調査を進めれば何らかの手掛かりが得られるのではないかと思う。平岡の貝塚が跡形もなく葬られたことは非常に残念なことであった。戦国時代にも古戦場となった場所でもあるので、隼人の乱の時代の物は少ないかもしれないが、近いうちに調査できないか行動に移したい。

「剽劫事件」の抵抗勢力とは

さて、次は文武4年（AD700年）6月に南九州で起こった剽劫事件について述べよう。続日本書紀によれば「薩末比売・衣評督らを刺激、久米・波豆・肝衡難波が肥人等を従えて武器を持って剽劫す。」とある。この抵抗した勢力を私なりに検討し、鹿児島弁の発音も考慮すれば、以下のようになる。

「比売」――『ヒ、メッ』　姫木（ヒメギ）――姫城（ヒメギ）
「衣評」――『エノクイ』　頴娃郡（エノコオリ）――頴娃郡（エイコオリ）
「久米」――『クッメ』――串間（クシマ）
「波豆」――『ハズッ』――出水（米ノ津）付近に矢筈岳あり
「肝衡」――『キモツ』――肝付（キモツキ）

「肥人」――『ヒジン』　　　――夜光貝の通商に携わる人々（天草・甑島・五島など）

さて、「薩末比売」であるが薩末と付いているが、今日の薩摩とは異なる。霧島市の姫城に間違いない。当時（AD700年）は薩摩・大隅・日向はまだ明確に区別されていなかった。

「衣評」は頴娃で間違いないであろう。ところで、「久米」であるが鹿児島弁で「クッメ」、私は「串間」のことではないかと思う。鹿児島弁では良く言葉を縮めてしまうのだ。

靴（くつ）のことを『クッ』と発音するし、最初の音を強く発音し、次の音は子音の『ッ』とか、『イ』とかを使って代わりに縮めてしまうのだ。また、ラ行とか言い辛い言葉は言い易い言葉に変えたりする。例えば、『タッチノコメ』とは「直ぐに」という言葉だが、『太刀の来ぬ間に』を縮めて『タッチンコンメ』『タッチノコメ』とか発音するのだ。従って、「串間」（くしま）を

『クッメ』と串を『クッ』、間を『メ』で置き換えて発音するのだ。

純然たる私の意見だが、信憑性はあると考えている。なぜなら、串間では文政元年（AD1818年）戊寅2月に石棺の中に古玉・鉄器30余品の一つである玉壁が出土している。

現在は前田家の所蔵品で（財）前田育徳会が管理している。

これは、写真でだが、拡大してその細部を調べてみたが、とんでもない物で、直径33・2㎝（或いは33・3㎝）、厚さ6㎜、重さ1・6㎏で、しかも、文様が三重にあり、外回りの紋様は意味がありそうで、文字にも見える。内回りもまた意味が有りそうな紋様である。更に、外回りと内回りとの間の点が細かいこと、しかも、正確に整然と並んでとても精巧に仕上がっている。写真をCAD化しようと定規を当ててみると、その点の正確さがとんでもない、幾何学の解った製作者が造った正確な暦だなと感じ取った。

外回りの紋様は星座だろうか、内側の紋様は生物でつまり、季節の生羅万象を現すと思う。

玉璧の中心部は直径6・5㎝の同心円の丸穴で彫り抜かれた、非の打ち所のない完璧な形状の完成品である。私の調べたところでは同心円の外側は内側の内接面に接する線を画けば三角形が出来る。その頂点が外側の同心円になる。イスラエルの6星の様になる。その6星の線に沿って規則正しく点は配置されている。裏の面は同じ様になっているのだろうか。現物を調べたいものだ。

彫り抜かれた玉璧の穴に円筒形の玉柱を立てて礼器とし、儀式を行っていた。玉器には人と神を往来する特殊な効力があると考えられていて、西周の後期には周の礼法は礼器に6種類の玉器があることを規定している。

璧（へき）――天をまつる。
琮（そう）――地をまつる。
圭（けい）――東の方角をまつる。
璋（しょう）――南の方角をまつる。
琥（こ）――西の方角をまつる。
璜（こう）――北の方角をまつる。

周王朝統治は社会全体を厳格な等級化する、宗法制であって、身分の等級が厳しく本分を越えるようなことは出来なかった。玉器は特に神格化され崇拝の対象となっていた。

従って、串間で出土した玉璧は天を表現しており、天を治める周の天子が持つべき物ではないかと考える。しかも、中国の色々な場所から出土した玉璧と比べても、また、そっくりだと思われる南越の玉璧と比べても、点の数、精巧さは串間の玉璧は完璧に本物だと思う。よって、「久米」は「串間」のことではないかと考える。

「波豆」は出水ではないかと考える。「矢筈岳」が出水と水俣の間にある。その付近のことではないかと思う。

肝衝難波は肝付の地名が残っているので肝付で間違いない。

これらの地点を結べば抵抗勢力の範囲が浮き出てくる。出水（西北）・伊佐（シラス台地）・姫城（湾奥）・曽於（シラス台地）・串間・肝付・鹿児島湾・頴娃（湾の入り口）の範囲である。

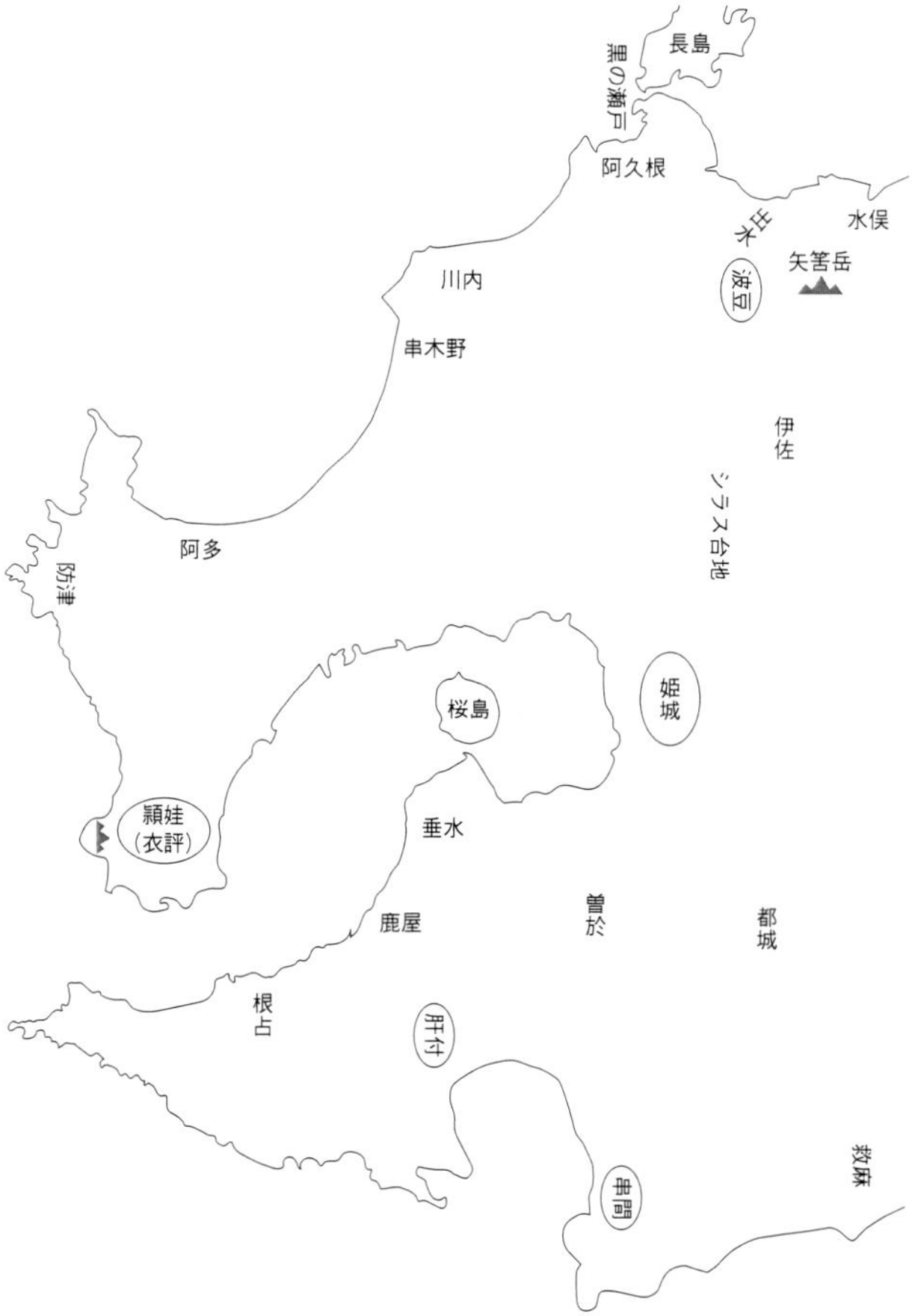
長島
黒の瀬戸
阿久根
出水
水俣
矢筈岳
波豆
川内
串木野
伊佐
シラス台地
阿多
防津
姫城
桜島
穎娃
(衣評)
垂水
曽於
都城
鹿屋
根占
肝付
串間
救麻

抵抗勢力範囲

西側の阿多・串木野・川内・阿久根は北九州勢力との航路で、古くから貝の交易路であったので、黒の瀬戸を通り抜けた西側の地区は朝廷側とも関係があり、抵抗勢力に参加しなかったとみる。

「衣評」は湾の入り口で、抵抗勢力とも関係が深く、板挟みとなって参加したのであろう。

私が大学生の時、昭和43年の夏休みに山口県の徳山に近い漁村出身の友人と南九州をヒッチハイクをしながら気楽な旅行をしたことがある。その友達は山口弁で私が鹿児島弁で標準語を交えての会話となる。同じクラスの仲間も色々な出身が多く方言が飛び交っていた。

標準語で話していてもイントネイションが違うのだ。

鹿児島市内の神社にテントを張り、次の日は頴娃の国民宿舎の隣の松原にテントを張った。その次の日は枕崎を過ぎ、坊津にテントを張ったのだが、坊津では言葉が違う。同じ鹿児島だから一緒だと思っていたが、イントネイションが異なっている。それから指宿からフェリーで大隅半島にわたって、大根占・佐多岬・鹿屋・志布志・串間・都井岬・宮崎と回ったのだが、殆ど変わりない鹿児島弁だった。

言葉の面から捉えても、抵抗勢力の範囲に矛盾は無いようである。

鹿児島弁で思い出すのは藤原広嗣の乱のことだ。天平12年（AD740年）のことで、北九州の紫川で広嗣軍と朝廷軍が対峙したとき、朝廷軍の近習隼人から広嗣軍に向かって方言で「ダマサエトッド、天子様は我が軍で、お前達は賊軍ゾ！」と声を掛けられ、広嗣に騙されていたのが分かって、乱に参加していた隼人達は直ぐに朝廷側につき、乱は治まったとのこと。

隼人の乱（AD720年）の20年後、剽刧事件（AD700年）の40年後のことで、隼人達は地元ではもう滅びてしまったのかなと思っていたが、軍に加わる程の勢力を保っていたことを考えると安堵した。方言というのは延々と続いて時代に流されながらも続いて行くのだなと思う。

高屋の宮について

ところで、景行天皇の遠征ルートを日本書紀や風土記では美々津から船で高屋の宮に渡ってから6年余りも留まっている。ここで、串間の玉璧があったということは、串間の支配者は宮崎平野全域であったのでは、高屋の宮とは前線基地としてあったので戦線の移動に伴って移動していったと考えられる。串間は『クッメ』⇒『クッマ』⇒「くま」とも読める。しかも、奈良時代の官道の駅に「救麻」なる宮崎平野の南端にある。私の勝手な想像では恐らく、串間が宮崎平野から志布志湾岸まで治めて、「くま」と呼ばれていたのではなかろうか。「くま」の地域では恐らく、周の流れを汲む血統一族であるので、婚姻などによって取り込まれていったと思われる。シラス台地を本拠地にする「曾於」では要害の地にあり、しかも、台地には水を得るのも難しい所に囲まれているので、攻め難く、治めるには年月がかかったとみられる。『クマ・ソオ』

とは「串間・曾於」のことではなかったかと思う。しかも、景行天皇の遠征ルートは大淀川から南には向かわず、諸県の君の様な迎合勢力の区域を通って、高千穂の峰の北側を通り、人吉方面・球磨川へと向かっている。

シラス台地と宮崎の南の山岳と志布志湾岸は後の世代まで抵抗勢力が残った様である。前線基地の高屋の宮は宮崎と鹿児島で主導権争いが有ったようだが前線基地は動くと考えれば、何方も本物で、高鍋・宮崎・溝辺と移って行ったのだと私は考える。征服側にとって言葉の障害が特に難しい。迎合する者を味方に付け、優遇することによって、迎合する者を増やして行くのが最善の方法である。まさしく、東海岸より迎合者を増やし、近習の者まで引き立ててゆく様子が窺える。

「クマ・ソオ」が「隼人」に変わったのは何故か

大和朝廷が「クマ・ソオ」を「隼人」と呼ぶようになったのは征服者側が迎合者と密に接するようになって行く間に、宗教感と生き方に感銘を受けて行ったと考える。

そもそも、自ら「呉の大伯の後なり」などと言える気概を持った人々を味方に付ければマイナスは無くなり、プラスに替わって100%200%になって、相乗効果で何倍にも成ると考えての事と思う。言葉の壁は無くなり、婚姻、技術者の取り込み、身内としての冊封、習慣までも取り入れ、権威ある呼称「隼人」まで編み出したと言える。

周族の始祖は棄《き》と言う名であった。農耕に長じていたので、農業の役人である稷《しょく》に推挙された。夏王朝で代々世襲していた。殷王朝になって、移動を余儀なくされたが、水利事業を進め周の名を得た。積極的に他の民族と手を結び巨大な政治同盟を組織した。ＢＣ１０４６年、殷王朝を倒し、鎬京を中心として、周王朝を建設した。

西周では青玉の装身具として、鳥を形取った玉が多く、製造方法は簡潔で整っており、羽の彫刻に最も注意が払われている。鳳紋が多いそうである。文王の時、「鳳、岐山に鳴く」ことがあり、周人はこれを繁栄の兆しとしていた。玉器にも青銅器にも盛んに用いられていた。

隼人の紋もこれを引き継いでいると思う。余りにも簡素すぎるが、京の南を守る朱雀が隼人の役目にて、しかも、朱の領巾を習わしとしていたことである。朱の領巾を常に纏っていた隼人は絹の領巾を色々な道具として利用していたと考える。山勝ちの温暖な場所では蜂・蝿・蚊・虻・ダニ・百足・蛇などいろいろな虫類を払い除けることが出来、しかも、大蛇や狼・猪など大きな動物でも鞭のように使えば追い払えるし、また、石や木切れを入れて振り回せば強力な武器となる。更に、坂を下りる時や登る時に木の枝に引掛ければ忍者のように素早く動けるのである。しかも、仕留めた獲物・収穫物を包んだり、結んだりして背負うことも出来る。また、草原などで日差しの厳しい時は日焼け予防にも役立つ。こんな軽くてコンパクトに出来る道具は他に無いと言えるのでは。しかも、怪我をした時は血止めにも使える。隼人は凄い道具を持っていたなと思う。天女の絹のスカーフみたいに羽の様で優雅に思っていたが、虫払いの道具であったとは「ガッカリ」だが、隼人の朱の領巾も鮮やかで勇壮な出で立ちであったろうと思う。この抵抗勢力が（AD700年）、（AD720年）まで健在であったことを思えば、それ以前の範囲は少なくとも宮崎平野は勢力範囲であったろう。その宮崎平野を守るには高千穂峡、阿蘇を抑えなければならない。優勢であるときは、菊池も抑えていたであろうと思う。改めて、魏志倭人伝の「夏后（王）小康の子、会稽に封じられ、断髪分身して蛟竜の害を避く。倭の水人、好んで沈没し、魚蛤を捕う。分身し、またもって大魚水禽厭う。のち、ややもって飾りとなす。諸国の文身各々異なり、あるいは、左に右に又は、大きく、あるいは小さく、尊卑により差あり。その道理を計るに、会稽（郡）東治（県）の東にあたる。」と翰苑の「太伯の苗と称す。」が思い起こさせる。姫氏国とはこの抵抗勢力の事ではないかと思う。

陳寿の倭国への道程

私が気になることを述べれば、倭人伝の道程である。「伊都国東南100里」⇓「奴国東行100里」⇓「不弥国より舟にて南へ」である。この不弥国とは大宰府か筑紫野市高雄の宝満川に面した付近ではなかったかと思う。ここより舟に乗って南へ20日、宝満川は南北に南に流れて、緩やかな流れである。現在は筑後川に流れ込んでいるが、当時はその合流点は有明海の最奥部の入江となっていたと思う。従って、その途中、舟の水補給、飲食を伴いながらの20日間で宇土半島付近の投馬国（とうま）・「詫麻（たくま）」）に至るで、更に、水行10日、途中舟の水補給、飲食を伴いながら10日間「波津」現在の「米ノ津」に至るではなかったのではと思う。それから、陸行1か月、抵抗勢力圏内を飲食接待を受けながら1か月。何処に向かったのであろうか、姫木、串間、あるいは西都原であろうか、私の勝手な想像ではあるが殆ど矛盾は無いのである。昭和40年代、まだ、高速道路の無い時代に車で通った道に近いのだ。姫城より熊本方面に向かうには十三塚原に登ってしまえば、大きな高低差は無く、曾木の滝を見ながら大口・伊佐を通り抜け、出水と水俣の間の湯の児温泉に出て、国道3号線を良く通ったものだ。ところが、この3号線は三太郎峠という難所があって、長いトンネルが出来上がってはいたが、登ったり下ったりして長いトンネルを抜けなければならない。車は渋滞し、ドライブインも限られた場所にしかない。四苦八苦しながらやっとの思いで通り抜けたものであった。昔の人はもっと大変であったろうと思う。また、霧島から人吉に抜ける加久藤峠に新しいループ橋が出来たと聞き、天降川経由栗野、吉松、えびの、ループ橋、人吉、球磨川下りで八代までのルートを通った事もあったが、水害や崖崩れで交通止めにあう事が多かった。しかも、復旧まで数か月かかる事もあった。山がとても大きいのだ。また、人家が殆どない所を通らなければならない。病気とか怪我でもしたら直ぐには対応できないところなのだ。

景行天皇が通ったルートはこのルートを通っている。もし、魏の使者や中国のもっと古い時代の使者を案内するとしたら、決して、このルートは通さないと私は思う。国の代表を招待するのには全てが万事管理下に置いて、初めて実行出来るのである。抵抗勢力の支配管理下にあって「波津」より陸行1か月を達成できたと私は思う。しかも、「不弥」より舟を利用しているのは誠に的確な計画で有明海・不知火海は荒い海ではなく、三太郎峠の様な難所を通らなくて良い、良く管理されたルートだと思う。陸路が1か月かかろうが外海や難所を通らなくて安全第一が肝要である。大伴旅人将軍は出水を抜け長島の「黒の瀬戸」を通り、東シナ海にルートを通っている様である。万葉集に和歌を残している。恐らく、加治木・蒲生・藺牟田・入来・川内（川内川）より黒の瀬戸を通り、海路で北へ宝満川を目指し、大宰府に到着したと思う。魏の使者も同じ様なルートを辿ったと考えられる。不弥とは大宰府付近の事であると私は考える。現在でも交通の要衝で古代でも同様と思う。

隼人の乱の要因の経緯

さて、クマソ・隼人・多禰他の記録、伝承等を列記してみよう。

（？）景行12年12月条　襲国に厚鹿文《あつかや》・乍鹿文《さかや》あり、この両人は熊襲の渠師者《いさお》なり。

（？）景行12〜19年　8年の間、天皇が都を出て九州東海岸沿いの賊を打ちつつ、南下し、熊襲タケルを平定し、九州西岸を北上し、九州各地の諸勢力を服従させてゆく。

（？）景行27年　再び熊襲逆《そむ》く。天皇はヤマトタケルを遣わして征討することとなった。

AD512		大伴金村伽耶4県を百済に割譲
AD522		仏教伝来（司馬達等来日）
AD527		磐井の乱
AD540		大伴金村失脚
AD587		物部氏滅亡
AD592		崇峻天皇殺害、推古天皇即位
AD600		遣隋使派遣
AD628		推古天皇没
AD629	舒明元年4月	田部連ら掖久《やく》へ
AD630	舒明2年9月	田部連ら帰還、第一回遣唐使派遣
AD645	大化元年	大化の改新（乙巳の変）
AD662	天智元年	中大兄皇子執政
AD663	天智2年	白村江の戦い
AD671	天智10年	天智天皇没
AD672	天武元年	壬申の乱

AD677	天武6年	多禰人等を飛鳥寺の西で饗す。
AD679	天武8年11月	多禰島に使者を派遣（倭馬飼部造連ら）
AD681	天武10年8月	多禰島使者帰朝し、国図を朝貢し、距離、風俗、産物報告
AD682	天武11年	隼人が朝貢し、大隅、阿多隼人相撲を取る。 隼人等を飛鳥寺の西で饗し、隼人の音楽を見物する。
AD683	天武12年3月	使者帰朝
AD685	天武14年	畿内移住の大隅直に忌寸の姓を賜う。
AD687	持統元年	天武天皇のモガリ宮で大隅・阿多隼人の両酋長《おさ》が各衆を率いて偲び事を進める。337人賞を賜う。
AD689	持統3年	隼人174人布50當・牛皮6枚・鹿皮50枚を献上
AD692	持統6年	僧侶を大隅・阿多に遣わし、仏教を伝える。

AD695　持統9年3月　文忌寸博勢らを多禰に派遣。大隅隼人を饗す。
飛鳥寺の西で隼人の相撲を見る。

AD698　文武2年4月　文忌寸博勢等8人の覓国使《べきこくし》を、武器を携行し、派遣。

AD698　文武2年9月　日向国朱砂を献上。

AD699　文武3年11月　覓国使一行帰朝（文忌寸、刑部真木）

12月　三野・穂積の城を修む。

AD700　文武4年6月　続日本紀の記事によれば「比売・衣評督らを刺激、久米・波豆・肝衝難波が肥人らを従えて武器を持って剽刧す。」

AD702　大宝2年2月　歌斐（甲斐）国　梓弓500張、信濃国　梓弓など2420張を大宰府に充てる。「唱更国」と呼ばれる。

8月　薩摩国が分立される。
薩摩・多禰、命に逆らう。征討の兵を発す。

遂に、戸を校《しら》べ史を置く。

10月　丁酉条の唱更国司の言、要害の地に柵を設け戍守（守備兵）を置く。

ＡＤ７０８　和銅元年　薩摩国の国名が見える。

ＡＤ７０９　和銅２年10月　薩摩隼人の郡司以下１８８人朝貢する。

ＡＤ７１０　和銅３年１月　庚辰条、中央政府の懐柔策に乗じ、政府側に加担する者あり。隼人が正月の朝貢の式に参列す。日向国は采女を献上し、薩摩国は舎人を献上。日向隼人曽君細麻呂、荒俗の隼人を教化する。

ＡＤ７１３　和銅６年４月　日向国の肝杯・贈於・大隅始羅の四郡を割きて、初めて大隅国を置く。

７月　「隼賊」を討った将軍・士卒など１２８０余人に勲位を授く。

ＡＤ７１４　和銅７年３月　隼人、昏荒野心にして、憲法に習わず。豊前国の民　200戸を移して、相勧め導かむ。
桑原郡（郷名）大原・大分・豊国・答西・穂積・広田・桑善・仲川
★多褹鶴に印一面を賜う。
★太朝臣遠建治等、奄美・信覚・珠美等島人52人を率いて南島より至る。

AD716　霊亀2年　大宰府が隼人の朝貢が道路遥隔・父母老疾・妻子単貧などで、苦労が多いことを申し出たので、隼人の朝貢を6年相替えと定める。

AD717　養老元年　大隅・薩摩の隼人等風俗の歌舞を奏す。位を授け、禄を賜う。

AD720　養老4年2月29日　大宰府から朝廷に飛駅により急報された。「隼人叛きて、大隅国守陽侯史麻呂《やこのふひとまろ》を殺せり。」

6月　南九州の戦況を伝える。「今、西隅の小賊、乱を怙《たの》み化（王化）に逆らいて、屢《しばしば》良民を害ふ。中納言大伴宿禰旅人を遣わして、その罪を朱罰、彼の巣居を盡さしむ。兵《いくさ》を治め衆を率いて、兇徒を斬り掃い、酋師面縛せられ、命を下史に請ふ。」「然れども、将軍原野に爆露れて久しく、旬月を延ぶ。時、盛熱（盛夏7月下旬）に属し、誠に難苦なられや。使を遣わして慰問せしむ。忠勤を念うべし。」と元正女帝の意を伝えている。

8月

将軍に帰京を命じる。副将軍以下は戦闘を継続。「征隼人持節将軍大伴宿禰旅人は暫く京に入るべし。副将軍以下は、隼人未だ平がずば、宜しく留まりて、屯すべし。」

AD721　養老5年7月

副将軍以下の帰還を伝える。「斬首、獲虜合せて1400余人」と記している。

以上の様に抵抗勢力が懐柔策により政府側に取り込まれたり、反抗したりして、次第に中央政府に取り込まれて行く様子が記録されている。この反抗が最後でＡＤ７４０年の藤原広嗣の乱に敵味方に分かれて、隼人の軍隊が健在であったことを考えれば。滅ぼされてしまったと思っていたが次の世代に形を変えながら言葉や習慣は残されていると思う。従って、鹿児島弁や神話の中に手掛かりが残っているかもしれない。私はこの抵抗勢力こそ「姫氏国（ソノ国）」だと思う。中国の使者に「太伯の後なり」などと面と向かって言えるということは、先祖代々言い伝えられ、玉璧という直接の証拠を持っていたからだ。

「内」と言う地名

姫城の天降川を挟んで西側に「内」という地名がある。鹿児島神宮・石體神社・蛭児神社があるところである。宮内用水路沿いに全てあり、おまけに、卑弥呼神社まである。「内」という大字の地名は武内宿禰と何らかの関係があるのではと思う。

福岡に「ショーケ越え」と言う峠がある。それは宇美八幡から飯塚への峠道の事である。漢字ではどのように表記するのかなと、永年疑問に思っていたのだが、地図とか資料を調べても片仮名表記なのだ。若い頃、車で朝夕通った事もあったが、六十数か所の曲がりがあり、番号が曲がり毎に付けてあった。時には遅くなり帰る途中真っ暗で気色の悪いと思う時もあり、「精鬼」か「精気」かな、と、思った位だった。

私にも孫が出来て、小石を河原に探しに行って、宇美八幡まで数回参拝した。

娘に頼まれて安産祈願の丸っこい石を奉納して持ち帰り、子供が生まれたら名前を記入して小石を積んで奉納する。これは神功皇后が応神天皇をこの地で、安産で産んだ事により始まったとのこと。朝鮮半島より帰ってこられて香椎に寄って産気づき、宇美でお産みになって飯塚の方へ向かわれ、その時、ショーケ峠を通られた。生まれて直ぐの赤ちゃんの応神天皇を手篭に入れて越えられた。という言い伝えがあり、その手篭のことを『ショケ』と言う。この『ショケ』が「ショーケ峠」という名に残ったそうである。鹿児島弁では当然『ショケ』と言う。隼人の地域では竹細工がとても盛んで、大和朝廷に仕える隼人達の仕事でもあったそうである。私が育った姫城でも日用品から農作業用具など殆どが竹か木で作られていて、竹篭の修理の人までいた。神功皇后の時代にも竹篭を使っていたという事実を考えれば、クマ・ソオの時代の早期から隼人の人達は朝廷の側に取り込まれていったのではないだろうか。

よく神話では武内宿禰が天皇を支えている。しかし、330年も生きたなどと奇妙な人物だが、クマ、ソオを朝廷が何度も征討している。その協力者の一人が武内宿禰であったのではと思う。と、言うのも、「内」と言う大字の地名の蛭児神社の上の丘（現在水源地のタンクのある所）から姫城の方を見れば、とても、見晴らしがよく、姫城の様子が良く解るところだからだ。また、高屋の宮も台地まで登り切れば直ぐ近くである。鹿児島神宮の本殿の直ぐ隣に立派な武内宿禰の社殿が奉られている。蘇我氏など多くの豪族の祖と言われる人物だが、この「内」が出目ではないかと私は思う。和歌山県の紀伊国の出とも言われているが、南九州と同じ様な気候で、地名も日高とか南九州に因む地名が多いと感じる。神話にある東征があって、移住をした結果ではないかと思う。

さて、剽刧事件に係わった抵抗勢力が肥人等を従え、武器を持って剽刧す。とある肥人について考えてみよう。

ＡＤ７００年の剽刧事件の２年前に日向国朱沙を献上とある。これは献上したのではなく、献上させせられたが本当と言える。金よりも貴重な朱沙を上納させられ、それまでも、布や牛皮・鹿皮など数年毎に上納させられ、まだ、貴重なものはないかと調査まで行っているようである。交易の貴重な物品まで取り上げられては耐えられないと立ち上がったのが剽刧事件ではないのか。貝交易から続く、交易の担い手である「肥人達」も巻き込んでの抵抗であったと思う。

　多禰・夜久・阿麻弥・長島・天草・島原などが交易の利権を奪われまいと、抵抗勢力に参加したと考えられる。波豆（出水の米ノ津）から長島、天草、島原は小舟でも行ける。肥人達の勢力範囲はその島々が中心で、五島、平戸或いは甑島も含んでいたであろう。また、衣評は多禰、夜久、阿麻弥などの島々の玄関口でもあり、肥人達とも交易で関係が深く、また、大和朝廷とも関係があったであろうが利権を損なわれては大変と、利害が先に立ったのであろう。しかも、「エイ」と言う地名は中国の楚の国の首都が「郢《エイ》」であったので抵抗勢力とは特に近かったと考えられる。更に、楚の国の始祖の名が「熊タク（くまたく）」であったのでなおさらである。

　迎合勢力が東の宮崎平野を中心とした地域に多く見られるのは、交易には殆ど携わっていない稲作が盛んな地域から迎合されている様である。畑作、放牧、交易の地域では迎合出来る訳もない。しかも、ＡＤ６９２年には、僧侶も派遣し、仏教も伝えようとしている。隼人の首塚のある止《と》上神社《がみじんじゃ》の東の山の東面に

「台明寺」の古跡がある。この寺院はこの地域では最も古く、AD692年の僧侶派遣の地ではないかと思う。この台明寺が発祥の竹に「台明竹」（青葉竹）と呼ばれる竹があって、笛を作るのに最も優れたもので、節間が長く、節は凹凸が少なく、断面の輪は真円に近く、溝が殆ど無い竹で、宮中に納められていた。隼人の職人も笛の製作に駆り出されたようである。コロナ禍、霧島の「万遊」と言う宿泊施設にお世話になったが、その入り口脇に「台明竹」が植えてあった。鹿児島でもそんなに多く見かけない竹であるので、感慨深く感じた。また、台明寺の下流に郡田《くいだ》・郡田川などと国の直営の田圃《たんぼ》であることを示す地名も残っている。さらに、島津氏の廃仏毀釈で寺は無くなったが、「台明寺文書」として残されている。

治める側治められる側相互の争いの中で、凄い労力と意思が感じられる。朝貢に行くだけでも大変なのに、3年に1回と、物品、労力、準備、実行までには辛苦の苦労が発生する。拒めば武力の行使をする。この繰り返しであったことであろう。姫氏国は滅んだようだが、ここにあったのだと私は思う。藤原広嗣の乱に隼人が両軍に居て、意思疎通が直ぐに出来たと言うことを聞いて安堵した。若い頃のヒッチハイク旅行で感じたイントネイションの違い、島原、五島の方言も同じように感じた。姫氏国の勢力範囲は方言の中に残っているのではと思う。しかし、遺跡としては殆ど無い。七ヶ所、新七、カール部を探せば何か出て来るのではと思う。阿多石と言う開聞岳などからの噴石の岩の伝承が残っている地域で、古くから人が住み続けた場所であるので、何らかの物が出るのではと期待を持っている。私が小学生の頃、畑に芋の保存用の穴を祖母に頼まれて掘ったことがある。すると、30㎝位掘った下に20から30㎝の灰色の層が現れた。祖母に聞くと、これは桜島の大正の噴火の灰の層だと教えてくれた。この地域は火山活動によって地層が成り立っている。幸い、新七、七ヶ所地域は開発の手は及んでいないので、今後の調査に期待したい。

「剣之宇都」の地名について

ところで、先に述べた「剣之宇都」の地名について考えてみよう。剣之宇都は天降川・霧島川・西光寺川の合流する氾濫域に面する場所である。

① 天降川

最も温泉のある流域を含んでいる。折橋・妙見・安楽・塩浸・山の湯・ラムネ・坂本龍馬の新婚旅行の湯治場などのある温泉地を流れている。また、明治、大正に始まる発電所が多くある流域である。更に、上流には山ケ野金山もあり、山間部を流れて、湯田の付近で山は開けて平野部へ注ぐ。その上流は他にも支流が多くあり、和気清麻呂の流された犬養の滝もある。

② 霧島川

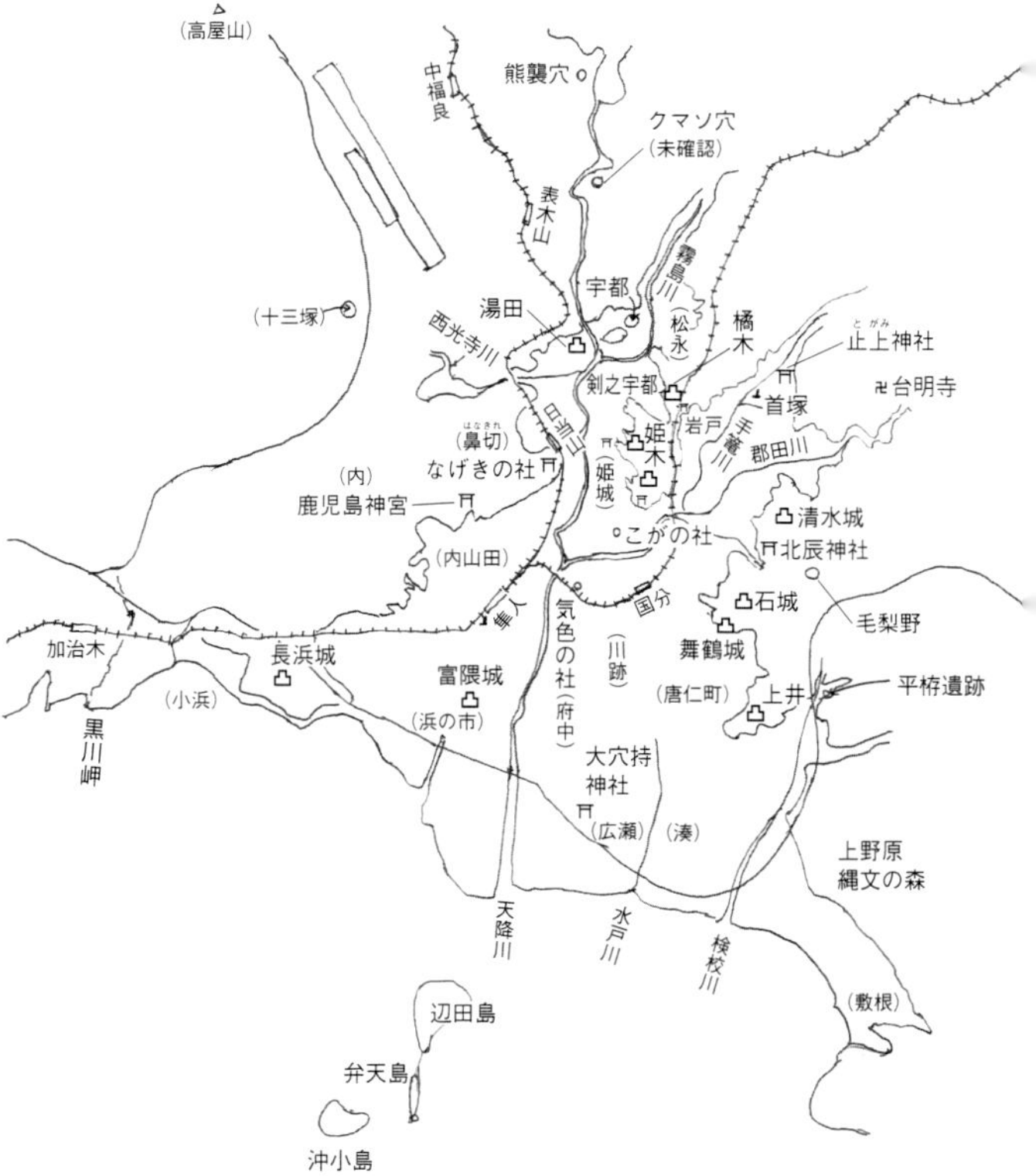
（高屋山）
中福良
熊襲穴
クマソ穴
（未確認）
表木山
霧島川
宇都
湯田
（十三塚）
西光寺川
（松永）
橘木
止上《とがみ》神社
台明寺
剣之宇都
首塚
岩戸
手篭川
郡田川
日当山
（鼻切《はなきれ》）
なげきの社
姫木
（姫城）
（内）
鹿児島神宮
清水城
こがの社
北辰神社
（内山田）
毛梨野
国分
石城
隼人
舞鶴城
加治木
気色の社
（川跡）
長浜城
富隈城
（府中）
（唐仁町）
上井
平栫遺跡
（小浜）
（浜の市）
黒川岬
大穴持神社
（広瀬）
（湊）
上野原縄文の森
天降川
水戸川
検校川
（敷根）
辺田島
弁天島
沖小島

霧島市平面略図

高千穂の峰の南側より霧島神宮を経て小鹿野の滝に流れ、その滝よりこの合流点までは緩やかな平野部の流れである。

③ 西光寺川

十三塚原の台地上の鹿児島空港の南側から糸走り地区を流れ落ちるような短い急流である。

大学の頃、電気の専門辞書の電気ハンドブックと言う辞典に落雷の分布地図があった。それによると霧島山系の南側が最も落雷の多い場所とデーターにあった。紀伊半島も同じ様なデーターであった。現に、小学校の頃裸足で歩いている時、近くの電柱に落雷があって、4、50m離れていたが、足に電気を感じた。また、それより近い真直ぐな木に落ちてきたとき、稲妻の激光で眼が眩むほどでしかも振動も凄かった。友達のお父さんは有線親子ラジオ線の近くで農作業中落雷により命を落とされた。ある時は近くの農家で人が落雷で亡くなったと聞き、見物に行った、納屋の中で、鍬を片付けていて被害にあったとの事だった。この様に、この地域では落雷が多くあり、被害も多かった。従って、当然、降雨量も多い所である。

さて、先に取り上げた川の流量も当然相当の量であったであろう。よく父が災害の時、どの様な所が被害を受けるのか説明をしてくれた。堤防があっても合流点の上流側は水捌けが悪く、水害にあう。堤防が高ければ高いほど、その範囲は広くなる。また、下流は氾濫域となる。風雨の強い台風は南東の風が特に強いので、南東側に風を遮る丘などのある場所に家を建てるべきであると。「中城」「七ヶ所」「新七」「山野」「剣之宇都」も同じ様に南東の風を遮る場所にあるが、「剣之宇都」はどうしてか、氾濫域と大差は無く、割と低くなっている。断層の可能性もあるとは思うが、「剣之宇都」と言う地名からして、砂鉄の採取場所の可能性もあるのではと思う。何故なら、①の天降川の流れの正面は「山野」と「剣之宇都」で、山間を急激に流れ出した土砂は「山野」と「剣之宇都」に向かう筈だ。鉱泉水を含んだ温泉水で、しかも、②の霧島川からも同じ様な鉱泉水が流れて来て、氾濫域に結晶物が沈殿する筈である。③の西光寺川は狭い流域面積で流量は少ない急流である。①天降川から最も流量が多く、多数の泉源を持っている。鉱泉水は地中で高温で熱せられて色々な金属のイオンの化合物として溶け出している水である。その温水は徐々に冷やされれば、金属イオン化合物が結晶となって、沈殿してゆく。勿論、イオン化傾向や化合物の比重により違いはあるが重い金属から沈殿してゆく。鉄の場合の温度による化合物の溶解度を例に挙げるとこのような表になる。

鉄の化合物の溶解度は温泉水の時が良く溶け出しているようである。従って、鉱泉水は山間の天降川の川底に徐々に沈殿し、多量の雨により洪水となって、下流の湯田辺りから剣之宇都の前まで押し寄せて河岸段丘を形成しても良いはずである。ところが剣之宇都は低いのである。山野地区を守る為に堀を掘ったかも知れないが、剣之宇都なる地名であるので、砂鉄を集め多々良製鉄の様に鉄塊や剣を創っていたのではと思う。この地球上で最初という名前を持っているからである。AD698年（文武2年）日向国朱沙を献上と記録にある。これは硫化水銀のことで、丹《たん》・辰《しん》

化合物名	化学式	0℃	20℃	40℃	60℃	80℃	100℃
塩化第二鉄	FeCl	42.66	47.88	60.01	78.86	84.03	84.26
硫化第一鉄	FeSO4	13.6	20.8	28.6	35.5	30.4	24.0

砂《さ》・丹砂《たんさ》とも呼ばれている。古来、金よりも貴重で、漢王の石棺に溜められた朱の原料である。私の勝手な想像では、この漢王の朱もこの抵抗勢力の朱ではなかったかと思う。と言うのも、この付近には今でも金を産し、世界でも類を見ない純度の物を産している。火山は直ぐ傍らにあり、鉱泉となる源泉は無数にある。世界でも最も鉱物資源の得やすい場所である。朱をその時代に納めたと言う事はその生産技術を持った集団が居たと言う事である。また、交易の肥人達を牛耳っていたことを考えれば、金銀銅の時代から交易を大陸とも行っていたと考えられる。何故なら、多禰の広川遺跡に殷・周の時代に用いられた饕《とう》餮分《てつぶん》の彫り込みのある貝符等の加工品が出土している。しかも、山の字の彫り込まれた物もある。これは、殷・周の古い時代にしか使われなかった貝の貨幣の生産拠点で有ったのだ。従って、交易は殷の時代まで遡ると思う。私の子供の頃、天降川の河原や河口付近の砂は灰色で、海岸の波打ち際には黒い線が現れることがあった。磁石で探れば直ぐに砂鉄が集められた。この天降川の砂鉄は非常に豊富である。「剣之宇都」なる名前も伊達ではなく本物だと思う。

大陸との交易

この姫城の付近では鉄製品の出土の遺跡は極端に少ないが、南九州の遺跡では鉄の馬具などの出土は多いようである。しかし、姫城の付近では国分の向花小学校の三環直刀のみ出土している。串間では玉璧に鉄の錆がこびり付いて鉄製品が出土した。しかも、玉璧の色も錆で変色している。この王の山の墓はどの時代の物であろうか、私の想像では相当古いと思う。南越の玉璧は串間の物とそっくりだが穀璧の点の数が極端に少ない。南越国はＢＣ２０３年からＢＣ１１１年までの国である。周の本流を引く玉璧が串間に伝わっていると仮定すると。西周の末期には鉄器が確認できており、ＢＣ８００年前後の事である。ただし、塊錬鉄を使用し、刃の部分に使用しているようである。春秋時代（ＢＣ７７０～４０３年）には、生産器具、武器、日用器具まで低い社会階層まで鉄を普及させていた。戦国時代（ＢＣ４０３～２２１年）になると、車馬器具、甲冑などの防具、帯金、帯飾、縫製品まで使われるようになった。この周の王朝の玉璧と鉄器を持って渡って来て、玉璧と鉄器（30点）を墓に埋葬したと言う事はその鉄の工具と玉璧などの精密な製造加工の出来る技術者も渡って来たと思う。どの時代に渡って来たかは定かでないが、非常に興味をそそる。「剣之宇都」と名付け、自ら初めて製造した剣を造ったと言う証拠となる地名を残している。しかも、砂鉄で鍛錬しながら初めて鉄剣を発明した場所ではないかと私は思う。隕鉄で出来た刃は手に入れるのが非常に稀だと思う。この火山と鉱泉と雨の多い所でなければ、砂鉄は容易には得られない。あるいは、殷・周の時代から大陸との交易があったとしたら、大陸の隕鉄性の塊錬鉄は南九州産であったかも知れない。と言うのも、貝の貨幣の加工場が種子島の広川遺跡にある。それは殷・周の時代にしか使用されなかった貨幣の加工場である。先に述べた抵抗勢力の交易品の一つであったかも知れない。肥人と呼ばれる人々と抵抗勢力は殷・周の時代から続いていたと言えるのではないかと思う。その交易がずっと続いていたとしたら、大陸で色々な事件があり、時代が変わっても逃げて渡って来た人々を受け入れ、技術を発展させて、大陸との交易を続けてきたと思う。砂鉄を焼き錬打し塊鉄として製品化して交易品に加えたのかもしれない。また完成品の刀剣類もあったかもしれない。大陸では春秋戦国の時代（BC770～BC221年）には、農具や日用器具にも鉄を使って、低い社会の階層まで普及していた。このように古い時代から大陸であったと言う事はその知識を持った人が海を渡って来て矛盾は無い。照葉樹林帯には船を造るには大きな木や竹など素材は豊富で動植物で繊維も作れて智恵さえあれば可能と言える。この天降川の流域の様に活火山が直ぐ傍らにあり、鉱泉が湧き、大量の雨の降る場所は中国にはない。この天降川の流域は砂鉄・砂金・朱沙など鉱物資源を得るには最も適した場所である。したがって、貝の交易も古くからあったとしたら、塊鉄や他の鉱物も交易品となったと思う。

蛇行鉄剣

ところで、南九州の地下式横穴墓から良く出土している、「蛇行鉄剣」と呼ばれる剣で、剣身が50㎝程で蛇の様に捩れて畝って曲がった剣である。これまで、鹿児島、宮崎、熊本の三県で20本以上見つかっている。中国では時折稀に見つかる程度で名古屋や関東まで分布しているようである。特に宮崎のえびの市ではまとまって、9本も出ている。これは砂鉄を収集し、鍛錬して、蛇行鉄剣を発明した場所の「剣之宇都」で製作した鉄剣ではないだろうか。中国では稀にしか出土していないし、しかも日本刀の様に強靭ではなく、重い両刃の剣が主である。日本刀はこの鍛錬技術を元に発展させて多々良製鉄が生まれ、より強靭な鋼となって生まれたと思う。私見では、天降川はシラス台地を削り流れている。シラスにはシリコンを非常に多く含んでいる。勿論、普通の土壌にも不純物となるシリコンはある。しかし、シラスのシリコンは殆ど結晶からなり、温水とか熱水ではイオンとなって化合物となる。従って、砂鉄はシリコンや硫黄の化合物で沈殿していると思う。シリコンも硫黄も炭素と同じ様な性質を持つ元素であるので、高温で鍛錬し条件が揃えば鋼となる可能性はある。その技術を編み出して、蛇行剣と呼ばれるシリコンや硫黄を含んだ鍛錬鉄の刃が出来たのではないか。不純物を含んだ刃は永年を経ればクネクネと曲がり出し、遂に、後世に「蛇行鉄剣」として出土したと思う。シラスは硅酸（71〜73％）や酸化アルミニウム（13〜15％）などから成る火山ガラスからなり斜長石や石英も含む。炭素鋼と違い百錬すれば不純物は除かれシリコンや他の化合物が還元され積層を成し合金鉄の刃となって強靭な蛇行剣が出来たのではないかと思う。然も、鉄だけではなくニッケル、クロム、アルミ、チタン、銅などほかの金属も含まれた物であったのかも知れない。炭素鋼では焼き入れは百錬したら強い鋼は出来ないそうだが、シリコンを含む蛇行剣は百錬、八十錬すれば、酸化シリコン化合物から還元して酸素を奪い鉄などとシリコンが密に絡んでシリコン鋼なる物が最初に発明されたのではないだろうか。今ではシリコンの包丁もあり、普通より特性を向上させた特殊鋼を造るために珪素、マンガン、クロム、タングステン、モリブデン、パラジウムなどを添加して、高温に耐え、耐摩耗性の優れた鋼も造られている。従って、色々の金属の不純物を含む砂鉄を何度も高温に熱しては鍛錬を繰り返し、何層にも及ぶ層を作り八十錬、百錬して温度不足で硬い物と柔らかい金属とが重なり編み目の様な複雑な組織を成す「強靭な直刀」が出来たのではないだろうか。それが長い年月を経て「蛇行鉄剣」として色々な遺跡から出土しているのであろう。

鉄滓

さて、弥生時代中期（BC400年～AD100年）の色々な遺跡から鉄滓が出土している。鉄の生産ではなく、鍛冶加工場の遺跡とのこと。私は砂鉄から加熱鍛錬して塊とし、純度を上げて商品価値のある鉄滓を交易品としたのではないかと思う。鉱石から取り出すのは非常な労力と技術を伴う。自然に取れる砂鉄は純度のあるものは容易に鉄滓とすることが出来る。南九州の遺跡では甲と冑が良く出土しているようである。宮崎の出土の冑（鎧）は立派なものだなと思っていたが、ヨーロッパの中世の鎧の様に身体に合わせて鉄で作られている。然も古墳時代の物であると聞き感心していた。鹿屋市の秡川地下式横穴墓で短甲と冑と同時に小壺が出土している。千葉県では三世紀の鉄の精錬遺跡、八千代市・沖塚遺跡、海上町・岩井安町遺跡が発見され、白井市・一本桜南遺跡では質の良い川床砂鉄が小壺に収められていた。沖塚遺跡からは砂鉄や鉄滓が見つかったそうである。これらこそ「剣之宇都」の砂鉄の交易先であったのではないか。その材質成分とC14年代測定を行えば明らかになって行くのではないかと思う。

「内」の地名とは

先に述べた「内」の地名について考えてみよう。姫城の山月荘跡（石踊城）の直ぐ傍らが天降川で、泉帯橋《せんたいばし》を渡れば木《き》の房《ふさ》である。蛭児神社《ひるこじんじゃ》もそこにある。その山と台地も含め鹿児島神宮の敷地まで含めて大字は「内」である。内倉武久氏は「熊襲は列島を席巻していた」の本の中で、同志社大学の森浩一氏の意見に同調され、「内」と言う名の付く所には甲と冑（鎧）造りの集団が居たと述べられている。「内」（宇智、宇治、有智、有至、菟道とも書く）は氏族名で熊曽於の一支族で、地名にもなったとのこと。奈良県の宇智郡の五條猫塚古墳（方墳AD5世紀）から金メッキされた鉄地眉庇付きの冑が3個、三角形の鉄板を革糸で繋いで作った短甲、小さい札状の鉄片を多数繋いで作った挂甲、さらに鉄加工用のカナハシ（鉗）や鉄のハンマー、金床などが出土しているとのこと。金メッキの眉庇付き冑は海岸あるいは河川沿いに多いとのこと。また、朝鮮半島の伽耶でも数例ある。これらの金メッキは宇智の北隣の忍海《おしうみ》の地に集住する工人達が作ったであろう。従って、蛭児神社や鹿児島神宮のある「内」の地が故郷ではないかと私は思う。良質の砂鉄を産し、竹の産地でもあり、竹製品の職工文化を持ち、漆器文化もあり、しかも、馬、牛の産地である。この地は武器、武具を第一級の工人達により作った場所だと言えるのではないか。中国大陸から流れ着いた所、蛭児神社は「木の房」と言う地名を持つのである。鹿児島弁では「キノフサ」⇓「キノクサ」とも呼んでいたと思う。「木の日」（キノクサ）「木の日下」（キノクサカ）には繋がらないだろうか。それはさておき、鉄剣、鉄甲、鉄冑、弓、弓矢などの原材料を揃えるには容易と言える所である。竹の種類も多く、その技術者も多くいる。葛や様々な木々の種類も多彩で、しかも、鉄片や木板等を繋ぎ止める為の糸も、絹、馬毛もシラス台地を控えているので、牧畜も容易に行える。また、人毛も使えたのでは。強い弓を作るには強い糸が必要である。髪長姫など女性の名にあると言う事を考えれば、女性は髪を長くする風習もあったようである。棕梠《シュロ》は南九州が原産と聞く。この糸も強い。その他に、漆器等染色材も豊富で朱沙、金を産する場所なので、立派な武具が出来たであろう。竹は東南アジアの物は日本の竹より撓りに欠けるそうで、日本の竹は弾力があるもので弓にするのに適している。今でも都城市では弓道用具の生産が盛んで、竹を乾燥させ、膠《にかわ》で接着し何層にも重ねた立派な弓を製作している。この弓がＡＤ７００年頃に存在したかは知らないが、熊襲・隼人には竹弓が既にあったであろう。しかし、朝廷の弓は梓弓を発注している。樺の木の弓である。殆どの弓を梓弓と呼ぶそうだが、発注先は長野と山梨である。樺の木の弓であろう。現在では、竹弓が日本の主力であるので、竹弓の方が優れていたのではないだろうか。しかも、矢は竹の種類も多く、優れたものを選べ、その加工技術も優れた職人もいて、武力では熊襲於が優勢であったのではなかろうか。従って、記紀の神話に出て来る、騙し討ちなどをしながら、重用したり、婚姻による取り込みなどいろんな手を使って迎合勢力に取り込んでいったと思う。記紀を何処まで信用できるか解らないが武内宿禰《たけうちのすくね》や味師内宿禰《うましうちのすくね》、内の色評男《しかお》も登場して迎合勢力の側に取り込まれていることを考慮すれば、有能な人物であれば積極的に取り込まれて、重要な人物として、中枢を占めたのではないだろうか。それが、はやい段階から何世代にも亘って行われたのだと思う。武内宿禰が大王の補佐として登場し、大王を取り巻く重臣部族の祖であると伝えている。抵抗勢力が最強であったとしたら、南九州はもちろん、宮崎平野は完全に治めていたであろう。先にも述べたように、高千穂、阿蘇、菊池までは治めたのではないかと思う。久米神社が人吉・菊池・和水に分布しているようである。串間の「クッメ」の勢力範囲を示すかもしれない。また、武内宿禰を奉る神社が西日本から関東まで分布し、鉄剣、鉄武具の加工職人の集団が進出していった証拠であるのではないかと思う。さらに、鉄の加工集団は朝鮮半島、出雲、紀ノ国、尾張、関東などにも進出したと思う。

話は変わるが私が子供の頃、釣りをするのに、自分で釣竿を作っていた。友人は立派な純竹製の沢釣り用の釣竿を持っていた。組み立て式でその精巧さに驚いた。何段にも分かれているが、簡単に接続でき、一旦接続してしまえば抜けないのである。しかも、その撓りは滑らかで先端は極めて細く組立てて接続しているとは思えない釣竿であった。これは、この地で生まれて、受け継がれてきた技術の結晶だと思う。弓矢などの精巧な製作技術の伝承であると思う。

熊襲穴

さて、ほかに気になることがある。熊襲穴の事である。妙見温泉の西側の山の中腹の斜面に熊襲穴はあるが、他にも熊襲穴があると聞いたことがある。高校か中学の友達の一人であったが誰であったかは覚えていない。妙見と折橋を下って、右へ曲がってやや直線となっている道の天降川を挟んで反対側の山にある。その友人によると、その穴に入ったことがあり、とても大きな穴であったと。しかし崩れやすい所であったと聞いた。でも、私は行ったことは無い。それは、天降川の川幅が広くなっている所で、洪水でもあれば水没しそうな場所かもしれない。調査が可能であれば遺跡となるような物が出土しないかなと思う。現在ある熊襲穴は自由に見学でき、芸術家による彩色の描画もあり、観光スポットとなっているが、管理者は誰もいない寂しい場所となっている。遺跡調査ももっと進めて、神話の世界だけではない真の姿を追求してほしい。

平岡の貝塚

　ところで、以前平岡の貝塚の話をしたが、最新の技術の進歩によりとてもびっくりすることがあった。国土地理院のホームページで検索をし、無料の地図を調べてみたら、地図だけではなく、古い航空写真の検索も出来た。そこにはとんでもない、工事中の平岡の貝塚が露になった白い物体が山をなして姿を現し、撤去寸前の貝塚の航空写真となっているのだった。私の母の話では、「トラックで何十台も運び出したと言っていた。」その物だ。然も、その南には、県道脇の阿多石も微かであるが、濃い灰色が確認できる。山月荘も丘の上に建物が健在である。菅原神社の前と墓の北側は平岡と同じように開発工事が行われている。中城や七ヶ所、新七を守るべき土塁の様子は分かる。ここに、姫城・中城・七ヶ所を抱える、姫氏国はあったのだと思う。また、天降川に架かる泉帯橋も改修架け替え前の古い橋のままであり、県道も古い昔のままである。

なげきの杜も木々に覆われ、蛭児神社は確認できないが木の房の昔の様子が映っている。さて、西郷隆盛の麦藁の家はと探してみたが映ってはいなかった。残念。しかし、このように昔の資料があることは非常に貴重なことだと思う。これからも更なる記録を残してほしい。

木の房

ここで、思い付いたのだが、「木の房」の「キノフサ」は「姫の夫差」から名付けられたのではないだろうか。春秋五覇の一つである「呉」はＢＣ４７３年「越」によって滅ぼされた。呉王夫差（在位ＢＣ４９６〜ＢＣ４７３年）と越王勾践（？〜ＢＣ４６５年）との戦いは「臥薪嘗胆」の故事にもなった。その「呉王夫差」の「フサ」である。ＢＣ４７３年「呉」が「越」に滅ぼされ、ＢＣ３３４年「越」が「楚」に滅ぼされ、ＢＣ２２１年「楚」が「秦」に滅ぼされた。「木の房」なる地名が残っていることを考えれば、「姫の夫差」である「呉王夫差」の一族がこの地に降り立ったと確信する。曽の国と呼ばれているのは、時代が下がって、「楚」の国の一族も流れ着いたのだと思う。中国の各世代の朝廷の倭伝に、この地を訪れた使者に「呉の太伯の後なり」と面と向かって答えた場所であると思う。蛭児神社の前には、すごく古い大きな空洞を持つ大楠がある。そこは木の房と言う地名なのである。

「宇都」

さて、この木の房の上流に天降川と霧島川と合流する。その合流点より霧島川沿いに国立霧島病院があった。現在では、霧島市立医師会医療センターとなっている。この病院の北側に「宇都」と言う地名が残っている。私はこの地区を訪れることは殆どないが、以前、車で通った時に、通り抜けただけであるが、赤土の多い所だなと感じたことがある。「剣之宇都」と霧島川を挟んでその真反対の場所であるので、鉄分を含んだ土であるかもしれない。記録された資料によれば、この曽の国の地域では豊前・豊後国からの入植者が多くある所で、「中津川、大分、穂積」などの地名は残っているが、肥後国の「宇土」は入植していないと思う。したがって、「宇都」なる地名は純に古い地名が残っていると考える。天降川の平野の一番奥の中心となるべき場所であって、北には大きな山があり、南に開けた日当たりの良い場所である。しかも、この山の裏側には友達に聞いたもう一つの「熊襲穴」がある。もし敵に襲われたら、霧島川を上流に行き、川を渡らないで回り込めば熊襲穴に逃げ込める場所「宇都」なのだ。神話に出てくる「川上タケル」の都城であった所ではないかと思う。しかも、「宇都」の西側に「竹安」という部落もある。隼人の竹細工の職人達の居た場所であろう。私の友人は竹安という苗字で、そのお父さんは竹細工職人であった。竹専用の道具があって、小刀で割ったり、削いだり、焙ったりして、その手捌きは見事なものであった。その当時は色々な物が竹で作られていた。八百屋の小銭入れのザル、大きい物では味噌麹と大豆や麦を混ぜるときに使う「波羅（バラ・バル）」梅干しや漬物を天日干しする為のザル、Uの字になったUの口の広い物（軽いごみを飛ばす）「トミ」、Uの字の口のせまい「ショケ」など、篭は用途に応じて茶摘み・草刈り・魚入れ「魚籠《びく》」、手篭などが作られていた。買い物篭まで作られていたが、プラスチックに変わって、何もかもが見られなくなった。福岡の「ショーケ越え」の元になった鹿児島弁の「ショケ」はこの地から発したのではないかと思う。神功皇后が生まれて直ぐの応神天皇を手篭（ショケ）に入れてショーケ峠を越えられた。曽の国の竹細工職人は「川上タケル」から「大和タケル」に仕えるようになったと思う。徴用される者と、そのまま、この地に留まって抵抗勢力となって最後まで戦った者、そのまま順応していった者が有ったようで、AD740年藤原広嗣の乱で両軍に分かれて隼人の軍隊が健在であったことを考えれば、姫氏国は滅びたがその文化である言葉や習慣は少ないながらも伝わって来ていると思う。しかし、歴史というものは今を生きる人達が記録に残そうと思っていないと、泡のように消えてゆく存在である。生活習慣、言葉（方言）も同様である。竹細工、木工品など、道具の名前など特にそうである。「ショケ」⇒「ショーケ越え」など断片でしか残っていない。電球・ブラウン管といった言葉も次世代には残らないであろう。ところで、電球を実用化したエジソンは石清水八幡宮の真竹を探し当てて商品となる白熱電球を完成できたそうだ。初めは紙を使って数秒点灯、世界中から竹を集めて中国の竹で200時間と成功し、石清水八幡宮の竹で1200時間の点灯を実現して実用化したそうだ。この竹も「クマ・ソオ」の移転先の竹細工職人達によって持ち込まれたと思う。なぜなら、この石清水八幡宮は「応神天皇」・「神巧皇后」・「ひめおおかみ」を祀っているからだ。宇佐八幡宮・大隅八幡宮が本家本元で、その後に出来た八幡宮なのである。男山八幡宮と呼ばれ源氏の氏神様なのだ。この他にも、火縄銃の点火用火種縄に利用された「チンチク竹」も「クマ・ソオ」の竹なのだ。人家の廻りに植えられ台風からの暴風植物で矢にも利用された物である。この様に優れた竹を収集し、育て、産業として利用した人々は、広く開けた社会性を持ち、他の種族とも平和に交易を続けていたと思う。ところで、この「宇都」なる地名の大字は「松永」である。この字を「解体（バラス）」と「木（きの）公（おおやけのきみ）永（すえながく）」となる。古人が願いを込めて付けたのであろうか。「姫の夫差」を思い出す。

十三塚原

ＡＤ１１３２年（長承元年）11月「宇佐八幡宮」と「大隅八幡宮」との正統争いがあり、豊後国の隠密の神官（神仏習合の僧）達13人の犠牲者の塚として祀られた。鹿児島空港のある台地の地名となっている。現在も、公園として、13の塚は残され、質素な立て看板があるだけである。これは隼人との歴史に大きな意味のある遺跡である。と言うのも、その北に小高い高屋山上陵がある。これは熊襲を攻める為の前線基地のあった所である。従って、「十三塚原」のある鹿児島空港を含む台地は熊襲と大和朝廷との主戦場であったのである。それは一度や二度のことではなく、何世代にも亘って争いがあったと思われる。抵抗勢力があれば攻め、ある時は有能な者が居れば徴用し、婚姻などにより征服側に取り込みながら、言葉や習慣の壁もなくしていったと思う。

さて、八幡の正統争いについて述べたい。「八幡」の文字が初めて出てくる

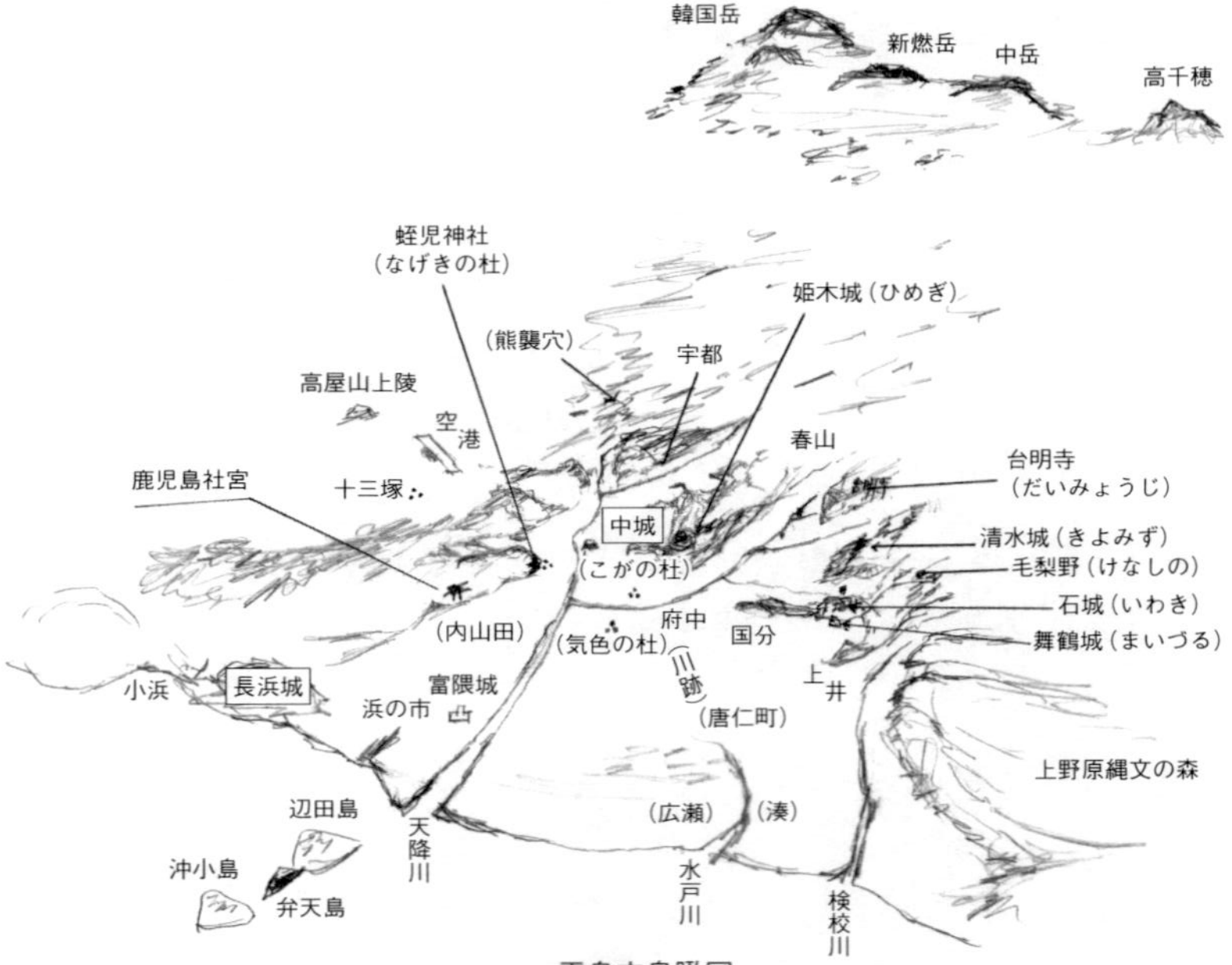
韓国岳
新燃岳
中岳
高千穂
蛭児神社
（なげきの杜）
（熊襲穴）
宇都
姫木城（ひめぎ）
高屋山上陵
空港
春山
鹿児島社宮
十三塚
中城
台明寺
（だいみょうじ）
清水城（きよみず）
（こがの杜）
毛梨野（けなしの）
石城（いわき）
（内山田）
府中
国分
舞鶴城（まいづる）
（気色の杜）
川跡
上井
小浜
長浜城
富隈城
浜の市
（唐仁町）
上野原縄文の森
辺田島
天降川
（広瀬）
（湊）
沖小島
弁天島
水戸川
検校川

霧島市鳥瞰図

のは続日本書紀でAD737年（天平9年）にみられ、「ヤハタ」と読み、日本霊異記では「矢幡（やはた）」とある。これは藤原広嗣の乱の3年前のことで、大和朝廷側の軍に隼人の軍人が取り込まれ、隼人の弓矢と幡が軍事の象徴として一緒に取り込まれたと確信する。「クマ・ソオ」の軍事力と霊感力を恐れ、敬い、「矢幡」を祀り掲げたと思われる。「矢幡」⇒「八幡神」への取り込みも征服者である大和朝廷は行ったと思う。その「八幡神」は軍事の神として、近習の隼人に引き継がれ、奈良から京都と引き継がれ、平家、源氏の「八幡神」として受け継がれた。体制側である「宇佐八幡宮」が総本社となっているが、大元を探れば「大隅八幡宮」が正統な総本社であったかも知れない。どうも、仏教が伝わって、その僧達が仏教を盾に「宇佐八幡宮」が総本家であると神託を作ったようである。

姫氏国

「姫氏国」では、周の伝統の政《まつりごと》を行う統治者はその知恵と徳を備えた人格者であって、その人民の為に尽くして理想に近い人物であったと思う。「太伯の後なり」と中国の使者に面と向かって言っている。治山治水、産業振興、交易流通の確保などを行っていたと思う。というのも、「クマ・ソオ」の勢力範囲では「朱沙」をはじめ、竹細工、武具、鉄滓、鉄剣、貝細工、絹織物、硫黄、金、銀、漆器、楠木材、動物の皮など交易を行うには魅力のある交易品を揃えている。「宇都」なる地名をつけている。その統治者は存在唯一の都であると告げている。これは天を治める「玉璧」を持つべき統治者であることを自ら宣言していると思う。交易を行うには常に相手のことを考え、平和に約束事を守らなければならない。その信頼関係があってこそ永続できるのである。「日本書紀私記」に「日本の国が姫氏国と呼ばれるのは何故か」という質問が載っている答えがここに隠されていると思う。殷・周の時代から交易を行っていたこの統治者は中国大陸の治政が変遷していく中でも常に信頼関係を保ち、平和に交易を続けてきた勢力であったと思う。魏志倭人伝による道程は古い言い伝えに等しい「姫氏国」への道程の記録を基に「陳寿」がそのまま取り入れたのではないだろうか。先にも述べたようにその道程は「姫氏国」への道程に非常に近いのである。

下がり松

さて、姫城の城山には「下がり松」と言う松がかつてあった。それは獅子頭のある南西側で獅子頭が頭でその下の段で人に例えれば、肩に当たる部分から南西側にきれいな盆栽の様に崖から外側へ突き出した「下がり松」があった。丁度「阿多石」のある方向に向いていて、殆どの場所から見える。若い頃のある時、「下がり松」の右脇に蛇の頭を見たことがある。かなり遠くからであったが、目の良かった私にはハッキリ蛇だと確信できた。しかし其処を目視は出来ても近づいて直ぐに確認できる場所ではない。従って、「下がり松」には猛禽の鳶か鷹かなどが止まって休む場所でもあった。その「下がり松」の崖下に稲荷神社があって、その社殿の左側に看板があり、「黄金の大蛇発見」とある。其処は「下がり松」の真下で、その蛇を見たのは私一人ではなかったようである。

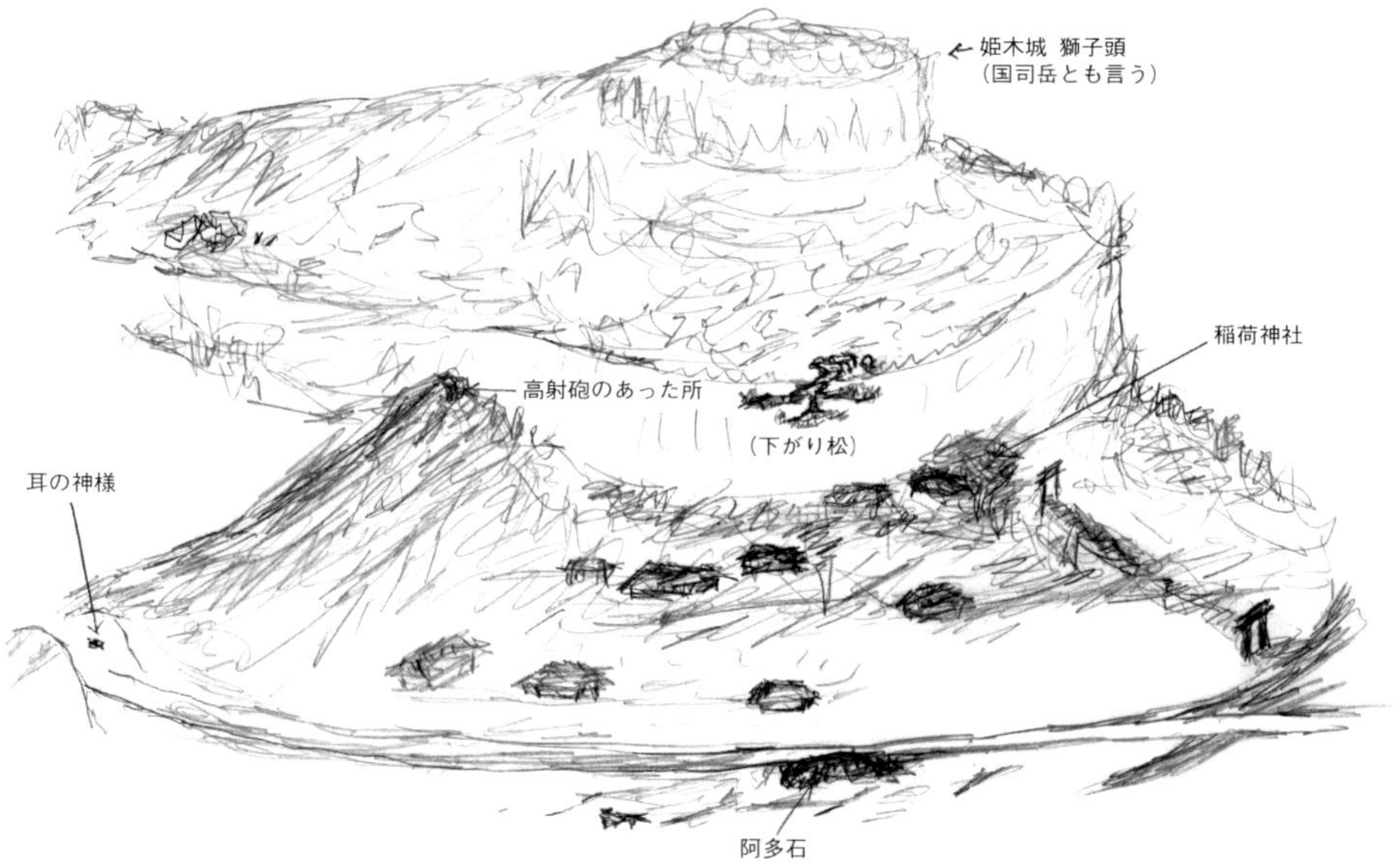

姫城国司岳（下がり松）

ここで、横道に逸れるが「ツチノコ」の正体について述べたい。実は私の父がその正体を明かしてくれたのだ。平岡の畑の脇で捕まえて、解剖して焼酎付けにした。頭はマムシでお腹は子供の腕ほどあり、腹を裂いたら、魚の生臭さの何倍もあるような凄く生臭く、とても我慢が出来ない生臭さだった。お腹の中には透明で真ん丸な卵が5、6個あって、その一つ一つに黒いマムシの子供が入っていた。その大きさはパチンコ玉より少し大きくて、ビー玉より小さい位だった。卵の中のマムシの赤ちゃんは少し動いていて、生きている様子が分かった。父の話ではマムシは胎生なのだと言っていた。その通りだと私も思った。カエルの様に水の近くに卵を産み落とすのでは無しに、草むらに潜んでいるマムシはお腹の中で育て上げマムシの形で産み落とすのだなと納得した。その卵の中では黒いマムシそのままの姿をしていたからだ。これまで黙っていたのはツチノコの夢を壊したくなかったからだ。

さて、話を戻すとこの稲荷神社はとても古く、天智天皇（在位ＡＤ６６２～６７１年）がこの地を訪れられた時の話が残っている。「この辺りに笛を作るのに適した竹は無いか」の問いに、台明寺の住民が「青葉竹」を献上し、笛を造られ、とても良い音色の笛が出来上がり、その後も献上を求められ、その都度、箇中鏡池に7日間漬け稲荷神社でお祓いしてから宮中に納め、献上するようになったとのこと。この青葉竹で作られた笛は平安時代の末期「源平の合戦」に敗れた平家の公家たちの用いた「青葉の笛」として伝えられている。現在全国で8か所に保存されているとの事である。「台明寺」の住民とあり、この話が本当であるなら、仏教がAD538年百済から伝わり、AD692年に南九州に僧侶を派遣している。天智天皇はAD671年に折去されているので、僧侶の派遣の数十年前の事である。「台明寺」は既にあったのであろうか。第1回の遣隋使派遣がAD600年であるのでその可能性もあったかもしれない。私が中学生の頃「台明寺」はとても古く、そこの境内にある台明竹で青葉の笛が作られた。と聞いていた。天智天皇の在位期間AD662~671年である。台明寺文書が残されているが、寺伝によれば、創建は天智天皇の勅願でなされたという。従って、僧侶派遣（AD692年）より早い頃に創建されたようである。さて、この「稲荷神社」は洪水とか天災等により合祀されており、この南西1km弱に「こがの杜」と言う史跡がある。ここの祠も合祀されたと聞く。

また、その南西1km程に「気色の杜」と言う史跡がある。この史跡は江戸時代の文献には「こがの杜」「気色の杜」と合わせて大隅の名所として紹介されているそうである。「こがの杜」には根回り25ｍの大楠があったとのこと。「気色の杜」は政庁跡に近く、現在は日豊本線のすぐ脇の所である。ここは天降川と鼻連川の合流点であったそうで、和歌にも詠まれている景勝地であった。しかし、江戸時代の初め島津義久の命による天降川の流れを変える大工事の場所でもある。丁度そこは鹿児島神宮の真東にあたる。天降川は鼻連川との合流点から大きく南東の方に流れていた。川幅はとても大きく国分の川跡《かわと》と言う現在の国分駅付近から福島の方へ流れて広瀬の湊へと広く流れていた。天降川を南北に真直ぐの流れに変えて、鼻連川は「こがの杜」と「気色の杜」との間を開削し手篭川として天降川と合流させて、島津義久の計画した国分の「舞鶴城の城下町」を洪水から守り、然も、「松永用水」などの整備も並行して行い、広大な新田をも生み出したのだった。しかし、相当の難工事であって、「気色の杜」の辺りは堤を築くのはとても大変であったとして、記念碑もそばにある。「こがの杜」のすぐ脇には「松永用水」のきれいな水が流れている。さらに、

「稲荷神社」の鳥居の前の水路は、あの「新七」と「七ヶ所」への坂の上の段の水路なのだ。松永の霧島川の堰より取り入れ「剣之宇都」の低い場所も迂回しながら幾つかのトンネルの水路を経て中城・外姫城・稲荷神社と流れ、しかも、手篭川からも同じ様に城山を取り囲むように重久の岩戸から新町へと流れているのである。これも、中国の周の流れを酌む島津の善政の現れである。

唐仁町

さて、国分の町の東南の地区に「唐仁町」がある。その「唐仁町」の女性が多くの人を引き連れて、私の家の前の県道を賑やかに通って行く。一週間か10日に一回位、温泉に通うためにだ。賑やかなのはその女性は木履《ぽっくり》を履いていてまともに歩けないからだ。世話人達が声を掛け合って数歩歩いては休みの繰り返し、４キロほどの道を往復するのである。私が小学生の頃のことだ。唐仁町では中国の風習が残っていて、貴族の子女に小さい頃から木履をはかせていたようだ。中学校の頃、平安時代から続く家系図があるという友達がいた。「林」という名前であった。「唐仁町」の歴史は古く、島津氏の保護のもと延々と続いてきたようである。或いは、「姫氏国」の時代から続いていたのかも知れない。島津氏はＡＤ１５７０年（元亀元年）に薩摩を統一し、ＡＤ１５７６年（天正４年）には三州を統一した。その２年後ＡＤ１５７８年（天正６年）

にはアジアとの交易の支配権を確立し、琉球との交易をする商人に「薩摩藩の許可印を持たない者があれば船や財貨を没収する」と言う書状を琉球王朝に送って、琉球貿易の独占を狙っていた。AD１５７８年（天正６年）には耳川の戦いで大友宗麟を破り、AD１５８４年（天正12年）には相良・肥前の龍造寺を破り、まさに、九州統一を成し遂げようとしていた。しかし、豊臣秀吉の圧力に屈した。４兄弟の内「家久」は毒殺にあい、「歳久」は命に従わず追討の命で自刃に追い込まれた。三州は何とか安堵されたが、三州の太閤検地が行われ、一部が秀吉の直領となるなどし、太閤検地はAD１５９４年（文禄３年）に終わった。「島津義久」（AD１５３３～１６１１年）はAD１５９５年（文禄４年）には隼人浜の市に「富隈城」を築いた。徳川家康による圧力を避ける為に、関ケ原の後処理として「島津義久」は家督を「家久」（島津義弘の長男「忠恒」）に継承し、三州は何とか安堵された。「家久」は鹿児島に鶴丸城をAD１６０２年（慶長7年）に築いた。一方「義久」はAD１６０４年（慶長９年）に国分に「舞鶴城」を築き、国際性のある都市とする為に「唐仁町」を設け、明国の人々を手厚く抱えて、明国の商人たちを集め擁護した。明国から学者や技術者を多く召し抱えて、広く文化の発展にも寄与させている。とくに、「江夏友賢《こうかゆうけん》」中国名「黄友賢」は著名な易学者で「富隈城」の時から召し抱えられ、「舞鶴城」の街並みの設計者でもあり、その建設にも尽力した。また、明王朝の高官であった「林鳳山《はやしほうざん》」が明国の乱を避けて渡来して来て、「島津義久」に召し抱えられた。その尽力により唐船や琉球船が入港して来て「唐仁町」は発展した。AD１６０９年（慶長14年）に徳川幕府の許しを得て「島津家久」は琉球に出兵し、征服させた。AD１６０６年（慶長11年）「島津義久」は服部宗重に煙草の試作を行わせ、交易品となる産業育成となる準備をしていた。「島津義久」はAD１６１１年（慶長16年）没したが、唐仁町の港としての役割は天降川の付け替え工事完成によりAD１６６６年（寛文６年）までである。その後は「浜の市」が主港に戻った。「島津義久」の意思は次弟の「島津義弘」とその長男の「島津家久（忠恒）」に引き継がれた。煙草・砂糖・昆布・酢（アマンズ）・鰹節などの交易品を生み出し、徳川幕府の影響を受けつつも交易を続けた。薩摩物と慕われ、人気の交易品を生んだ。この様に「島津義久」の意思は「隼人の抵抗勢力の意思」を引き継いだかのように、唐仁町の貴族の女性を戦後生まれの私が目撃出来たころまで続いていた。

もう一つの「石城《いわきじょう》」

「島津義久」の築いた「舞鶴城」の背後の山城は宇佐八幡託宣集に出てくる、隼人の乱の最後まで残った「曾於の石城《いわき》と比売の城」の二城の「石城《いわき》」の山城である。この託宣集はAD１２９０年（正応３年）に書き始め、AD１３１３年（正和２年）に宇佐八幡宮の神官の社僧「神吽《じうん》」が纏めあげたもので、隼人の乱（AD７２０年）は５７０~５９３年も前にあった出来事を編纂した書物である。従って、「隼人達が七か所に城を構えて、曾於の石城《いわき》と比売《ひめ》の城が残った」と言う。７つの城は不確かであると言えるが、「石城《いわき》」が残ったと言うのは事実であった思う。この「石城《いわき》」は山頂は平たく、広さも広い。現在では城山公園となっているが、私が中学生の頃は何も無い広場であった。周りは八方断崖絶壁の場所であって、登れる場所は限られていた。中学の部活の時、週末に登山マラソンで終わる決まりがあって、よく参加していた。今でこそ箇単に登れるが、当時は城山をぐるりと廻る様に登って行くのである。この城山には抜け穴があって、友達によると通り抜けたことがあると言っていた。この城山での戦は何度となくあって、戦国時代はもちろん、隼人の時代にもこの抜け穴はあったのでは島津義久公が整備して、昭和の時代まで残ったのかもしれない。しかし、この山城に籠城するには至難の業がいる。水が無いからだ。直ぐ北に清水川《きよみずかわ》が有り、そこには湧水もある「北辰神社」がある。しかし、殆ど平地に近い場所なので、水を得るには高低差が有り過ぎる。しかし、北東の尾根伝いに登って行けば高座神社《こうざじんじゃ》の上に「毛梨野《けなしの》」と言う部落がある。そこは不思議な場所である。小さな山に囲まれて盆地の様な場所であるが、峠となっていて、高い所であるがため池があって、古くから人家がある所である。隼人達が1年半も籠城していたことを考えれば、この「毛梨野」を利用したのではないかと思う。今では県道（471号）が通っているが、それでも、北辰神社より登って行けば、Uの字に折り返しの上り坂が数か所あり、切通を通り抜けてやっと平たい部落に入る。更に通り過ぎて、芦谷の検校川《けんこうがわ》に降りる道も更に過酷なV字とU字の下り坂となる。従って、人家のあるとは思えない所である。

「人の住んでいる気配のない所」の意味で「毛梨野」と命名したのではないかと思う。しかも、北辰神社のある山の山頂は「清水城《きよみずじょう》」と言う山城である。「石城《いわき》」・「毛梨野《けなしの》」・「清水城《きよみずじょう》」は三角形をなす。しかも、「毛梨野」より尾根伝いに南に行けば「上井城《うあいじょう》」に山道で繋がっているので、ゲリラ戦も行えたのではなかろうか。比売の城の「七か所」より「毛梨野」の方が戦略上では優れていたと思われる。「島津義久」公が「舞鶴城」を構えたのも、この様に戦略性に富んだ場所を選んだのであろう。しかし、隼人達は追われ、清水城に逃れ、更に北に追われて、郡田《くいだ》、さらに北へ、隼人の首塚まで追い込まれたという事であったのではと思う。

なぜ、出土品が少ないのか

さて、AD720年（養老4年）隼人の乱は1400余人の斬首穫虜を出した出来事のあった場所なのに、遺跡としては殆ど残っていない。「剣之宇都」と言う地名はあるのにそれらしい遺跡は何も無い。宇佐八幡託宣集には「難を極めたが殲滅した」とある。抵抗勢力は全滅させ、刀剣狩りを行ったのであろう。二度と乱が起こらないように武器を徹底的に没収し、墓までも武器狩りを行ったのであろう。有能な者や技術者集団までも連れ去ったとも考えられる。なぜなら、この地域には古墳らしい遺跡は無い。従って、刀剣、武具などは見当たらない。唯一刀剣が出土した「向花《むけ》小学校」の三環直刀だけである。これは国府の政庁跡であるので、征服者側の遺跡であろう。しかし、熊襲穴・七ヶ所・中城・姫城・剣之宇都・宇都・毛梨野・石城・清水城・橘木城など思いもよらない場所から何か手掛かりとなるような出土があることを期待したい。と言うのも、たまたま、工業団地の造成など公共事業で発掘された、「上野原《うえのはら》遺跡」「平栫《ひらかこい》遺跡」が近くにあるからだ。天降川の上流には「山ケ野《やまがの》金山」がある。川内川との分水嶺の山が「山ヶ野金山」なのである。天降川は多くの枝を持つ大樹の様に支流を持っている。霧島山の南側は殆どその流域である。朱沙が取れた場所は特定出来ないが、この天降川の何処かで取れたと思う。ＡＤ６９８年（文武２年）に朱沙を奉納している記録があるので、事実なのだ。しかも、地名に「宇都」「剣之宇都」「木の房」「内」「姫木《ひめぎ》」「松永（まつなが・きのきみすえながく）」など「伝承に意味のある名」が多くある。しかも、その場所は天降川の流れの集まる所にある。平和な世であれば、交易を行える安全で暴風波浪を避けられる港であった所である。中国で「姫氏国」と呼ばれる国が在ったと言えると思う。

支石墓

南九州の墓制について、①地下式横穴墓②地下式板石積み石墓③支石墓「立石墓（りっせきぼ）・立石土壙墓（りっせきどこうぼ）・撑石墓（とうせきぼ）」④高塚古墳の分布がある。①「地下式横穴墓」は宮崎平野から大淀川流域と川内川上流域と志布志湾及び肝属川流域に分布している。②「地下式板石積み石墓」は川内川流域と出水・長島・天草・球磨川流域に分布している。③「支石墓」は薩摩半島南部地域に立石土壙墓として成川遺跡・南摺ヶ浜遺跡・松之尾遺跡が分布している。④「高塚古墳」は①と②の分布に沿うように分布している。しかし、鹿児島湾とシラス台地には墓の遺跡が皆無で空白地帯になっている。これは、何を意味しているのか、非常に疑問に思う。まずは元々存在しなかったのか、征服者が徹底的に墓の存在を許さなかったのか、あるいは、迎合者が征服者側に賛同し墓と一緒に移住を決めたのか、または、火山活動など天

1	中尾遺跡	吾平町	
2	宮ノ上地下式横穴墓群	吾平町	地下式横穴墓
3	祓川地下式横穴墓	鹿屋市	
4	岡崎地下式横穴墓群	串良町	
5	神領地下式横穴墓群	大崎町	
6	永山地下式板石積石室墓群	吉松町	
7	平田地下式板石積石室墓群	大口市	板石積石室墓
8	瀬ノ上地下式横穴墓群	大口市	
9	別府原地下式板石積石室墓群	薩摩町	
10	横岡地下式板石積石室墓群	川内市	
11	亀ノ甲遺跡	霧島市	
12	成川遺跡	山川町	土杭墓
13	松之尾遺跡	枕崎市	

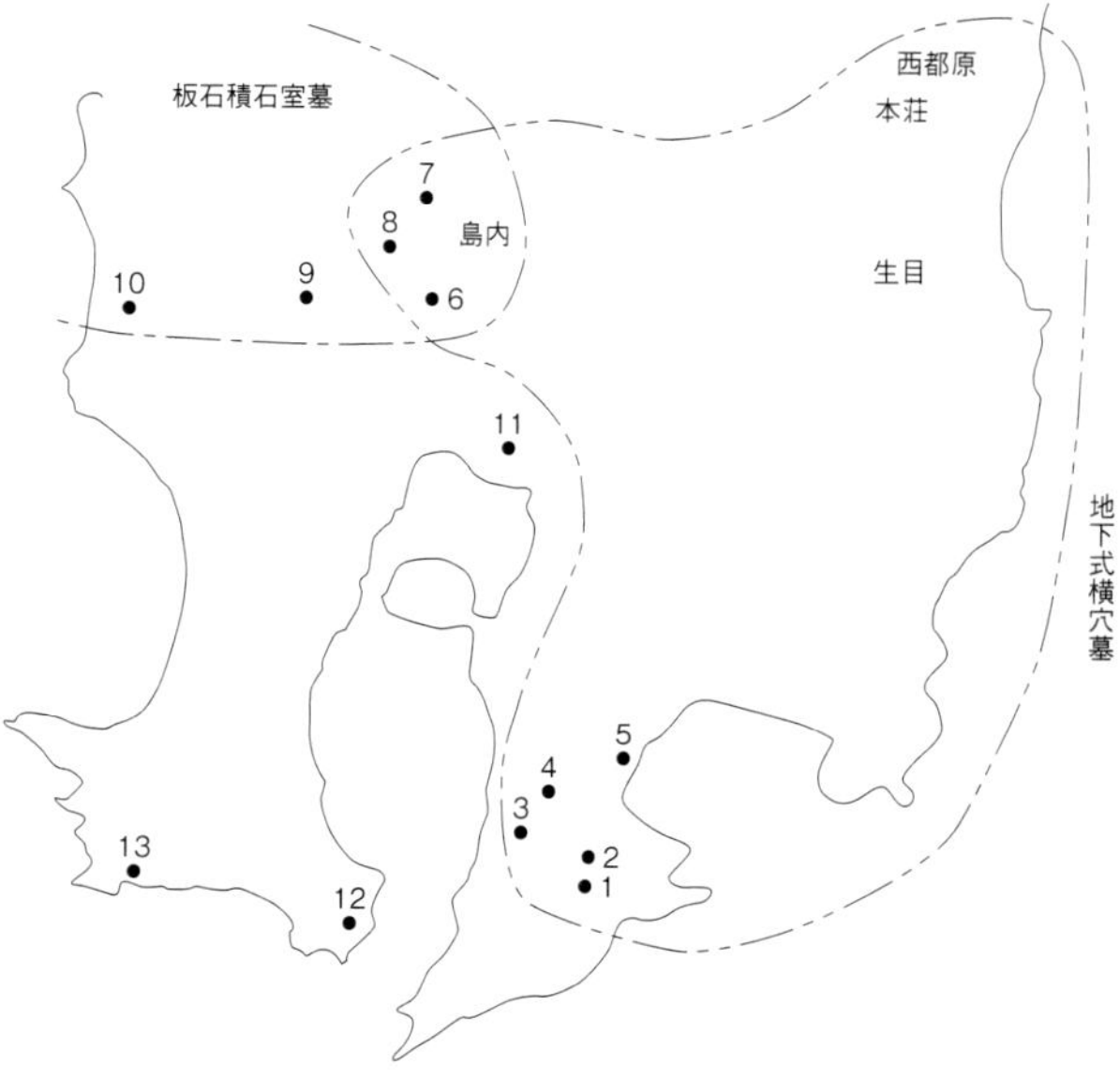

縄文の森、かごしま考古ガイダンス

災により地中に埋没してしまったのか等色々な事が考えられる。ここで私なりに考えれば、この空白地帯は支石墓であったのではないだろうか、と言うのも、中国の浙江省では支石墓が主流で「呉」「越」の流民である「熊襲」もその流れを酌んでいるものと思う。「支石墓」の分布は有明海・九州の西海部・五島・壱岐・対馬・朝鮮半島の南西部に分布している。薩摩半島の南岸及び鹿児島湾口には立石土壙墓として残っている。しかし抵抗勢力主力の鹿児島湾奥には見当たらない。これは、とても発見し易い「支石墓」であったので、征服者側は仏教の普及に託けて、先祖を敬い神として拝む熊襲の風習を否定し、墓までも否定したのではないだろうか。

AD692（持統6年）　「僧侶を大隅・阿多に遣わし、仏教を伝える。」

AD698（文武2年4月）　「文忌寸博勢等8人の覓国使《べきこくし》を、武器を携行し、派遣」

AD698（文武2年）　「隼人反乱（戸を校し、史を置くに反発）」

ＡＤ６９８（文武２年９月）「朱沙を献上」
ＡＤ６９９（文武３年11月）「覓国使《べきこくし》一行帰朝」
ＡＤ６９９（文武３年12月）「三野・穂積の城を修む。」
ＡＤ７００（文武４年６月）「比売・衣評督らを刺激、久米・波豆・肝付難波が肥人らを従え剽刼す。」

この時系列の出来事により、抵抗勢力の範囲は①と②及び③を合わせた範囲と考えられる。

鹿児島湾奥の「比売」・鹿児島湾口の「衣評督」が決断し、東海岸の「久米」・その南側「肝付難波」及び西海岸の「波豆」と連携して交易の担い手であった「肥人」らを従えての行動であったのではないか。「比売」「衣評督」が首謀者であることが分かる記録と言える。

従って、征服者側は「支石墓」であった「比売」の首謀者の墓を暴き、仏教への教化や朝廷への順化を強要したのだろう。

まとめ

蛇行剣はえびの市の島内地下式横穴墓群で最も多く出土している。その数9本。全国で70本ほど出土していて、島内地下式横穴墓が最多で、他の遺跡からは単本か数本である。大和朝廷の勢力分布に比例するように関東まで及んでいる。しかし、曾の国では0本である。「剣之宇都」なる地名があるのに何も出土していない。隼人達は剣も無しに戦ったのであろうか。いや、そんな事があろう筈が無い。隼人と呼ばれる前の熊襲於の時代から何世代にも亘って討伐があって、その戦利品として蛇行剣を奪い、大和朝廷は功労者に恩賜品として賜与したのであろう。隼人舞や犬吠までさせて、宮門を隼人達に守らせているので、その蛇行剣の妖力を利用したかったと見える。有能な技術やその技術者までも奪い、住人は新しい移住者を送り込み、順化させ、文化、習慣までも強化して行ったと思われる。隼人の乱を最後に順化したようであるが、大和朝廷の望む治世は出来なかったと見える。窮乏を伝える大宰府からの報告にある。この天降川の上流に「和気神社」があり、犬飼の滝のある所だ。「和気清麻呂」が「道鏡」と「称徳天皇（孝謙天皇）」に纏わる宇佐八幡宮神託事件に巻き込まれて、流された場所である。ＡＤ７６９年の事だ。更にその上流には「穂積」と言う地名の残る隼人討伐の為の城なのだ。また、霧島川の上流には「中津川」など豊後国の地名も残っている。天降川を遡れば熊襲穴のある妙見温泉、安楽温泉、山の湯、そして龍馬とお龍の新婚旅行の塩浸温泉がある。それらの温泉の下流の入り口ともいえる「日当山温泉」はあの「西郷隆盛」が愛して止まない所で、今では「西郷どん村」なる施設まで出来て「西郷どん」一色になっているが、実は、其処は「木の房」なのだ。翰苑に「倭人は、分身墨面して、なお、太伯の苗を称す」とある。同様に中国の文献にも記されている。従って、どの時代の出来事か明確ではないが、中国の使者が降り立った所だと言える。

「キノフサ」⇓「姫の夫差」⇓「木房」

なげきの杜の蛭児神社は直ぐ近くにあり、鹿児島湾奥の入江の港があった場所が「木房」なのである。この姫城こそ「姫氏国」であると言いたい。

さて、ごく最近の出来事だが、AD2023年、1月25日発表、奈良の日本最大級の円墳である「富雄丸山古墳」の北東部の造り出し部の粘土槨から「とんでもない物」が出土した。それは、長さ2・3m、幅6cmの「蛇行鉄剣」と長さ64cm、最大幅31cm、重さ5・7kgの「盾形銅鏡」である。「蛇行鉄剣」は今まで85cmが最大だったが、いきなり、2倍を超える2・3mの代物だ。然も、70本ほどと言われていたが、85本目だそうだ。さらに、その鞘も残っていて装具も含めた長さは2・6mだそうだ。鞘が残っていたことは蛇行剣と言われているが、本来は直刀に近い物であったと思う。製法が鍛錬技術によって作られていたのではないか。編年劣化により蛇行していったものと思う。「盾形銅鏡」の文様面には「だ龍文盾形銅鏡」と名付けられた。「だ龍」が上下に描かれて、他に類を見ない独特のデザインにて、それには意味がありそうで、あの串間の玉璧を彷彿させる。天地創造の神への意味が込められているように感じる。然も、その円墳の造り出し部に粘土槨があり、その最頂部にも粘土槨があり、それは西都原古墳群の男狭穂塚古墳、女狭穂塚古墳を彷彿させる。それは、この二つの古墳を合わせて合体させたような作りである。女狭穂塚古墳の鬼門の北東側に男狭穂塚古墳が配置され、形は男狭穂塚古墳の形をしていて、北東側に造り出し部がありそこに粘土槨がある。これは、西都原古墳と何らかの関係がある古墳であると直感する。然も、「蛇行鉄剣」は最大の物であり、「盾形銅鏡」は存在無二の代物である。これこそ姫氏国と呼ばれた国の係わりを持つ人物の墳墓であると思う。と言うのも、「盾形銅鏡」は平城京跡の宮城南西隅の井戸遺構の枠板として16枚出土した「隼人の楯」の紋様の元となった物ではないかと想像する。「だ龍」が上下にあって渦を巻くような文様が天と地を行き交う使者である龍の動きを真似て簡素ではあるが逆Sの字の「隼人の楯」の文様としたのではないだろうか。「隼人の楯」は井戸を守るように外側が文様面になるように配置されていたそうである。これも、隼人の呪力を期待しての事であろう。「だ龍文盾形銅鏡」と「超最大級蛇行鉄剣」が同じ場所から出土したと言う事は大王を補佐する隼人の前身「クマ・ソオ」の流れを酌む人物の持ち物であると確信する。あの、「剣之宇都」の技術者達の賜物であったのではないだろうか。今後の進展に期待したい。

あとがき

色々な可能性のあることを述べてきたが、「宇佐八幡宮託宣集」の「七か所に城を構えて」について、私の考えを明らかにしたい。ＡＤ７２０年（養老４年）６月の大宰府の報告によると、「西隅の小賊」と述べている。従って、この時抵抗して立て籠ったのは「七ヶ所」と言う地名の城であると言える。姫城の山城の西側である「七ヶ所」は「西曾の山」に属す。東南側にある「石城《いわき》」は「東曾の山」に属す。よって、「西隅の小賊」とは「七ヶ所」のことを指すので、「七ヶ所」の場所の数ではなく、地名が本当である。しかし、この地区には「城」は戦国時代も含めると20ヶ所にも及ぶ。「隼人・熊襲」の征討は幾世代にも及ぶ戦いがあったのだ。その他の「城」も戦の場であったのも事実であろう。その20か所を上げれば、次の通り、「清水《きよみず》城」「石城《いわき》」「郡田《くいだ》小城」「舞鶴《まいづる》城」「鼻連山《はなづれやま》城」「姫木《ひめぎ》城」「橘 木《たちばなぎ》城」「上井《うあい》城」「川内《かわうち》城」「留守《るす》氏館」「桑《くわ》幡《はた》氏館」「荒瀬《あらせ》城」「茶臼山《ちゃうすやま》城」「日当山《ひなたやま》城」「富隈《とみくま》城」「長尾《ながお》城」「高松《たかまつ》城」「桂《かつら》姫《ひめ》城」「廻《めぐり》城」などである。

また、隼人駅の西側に「獅子が丘」と言う小高い丘があった。シラスの白い崖を現し、姫城の辺りからも良く見え、平たい台地となっていた。しかし、その台地は開発と共に無くなり、現在では、元隼人町の役場跡や隼人工業高校のグラウンドになっているようである。「内山田」の地名である。此処も古戦場の跡であったのかもしれない。あの、仁王像のある「隼人塚」の直ぐ近くである。この隼人塚は大隅の国分尼寺の跡であるので本来の「隼人塚」ではないと思われるが、古戦場の跡ではある。江戸時代の天降川の流れを変える付け替え工事（AD１６６６年完成）に伴い、「鼻連川《はなづれがわ》」の埋め立ての土として利用され、「獅子が丘」は削られて行ったと思われる。従って、「隼人の乱」の史跡としては江戸時代からの開発によって残り辛い状況にある。しかし、「七ヶ所」については「菅原神社」の参道の工事（１６８５年天神参道石塔銘）の記録がある程度で、殆ど開発の手が及んでいないと思う。「吉野ケ里遺跡」の七田親子の執念により世紀の発見に至ったように、「七ヶ所」には物的証拠は無いが、記録による証拠によって解明されることを望む。

　さて、支石墓の分布は南九州、五島列島、朝鮮半島西岸南岸に及ぶ。しかも、朝鮮半島には二万基を越している。これは、肥人達の勢力範囲を現しているのではなかろうか。かつては「呉」の避難先であった範囲で、言葉も習慣も近い存在ではあったのではなかろうか。私は「五島弁」に親近感を抱きイントネイションが同じだと感じた。それは、高句麗の「広開土王碑」の碑文にも窺える。「倭」は領土の拡大ではなく、「支石墓」の民を守り、交易の利権を守る為に戦ったのではなかろうか。しかし、AD407年に大敗し、高句麗は「兜鎧《かぶとよろい》」を一万余り手に入れた。」と、記している。朝鮮半島の甲冑は南九州の物と極めて似ている。また、蛇行鉄剣も僅かであるが朝鮮半島でも4例ある。蛇行剣は80錬、100錬し、出来た剣で、シリコンなどの不純物を含んでおり、編年劣化して蛇行した物である。それは、AD700年の抵抗勢力の先祖「熊襲」の「剣之宇都」の産物であったのではないか。と、思うのである。

　更に、大宰府を守る水城について述べたい。白村江の戦い（AD663年）の後に築いたと、言われてきているが、どうも納得できない。何故なら、水城は大宰府の交通の便の為、運河として既に存在していたのではないだろうか。三笠川から宝満川に船運の為の水城を築けば大宰府は玄界灘からも、有明海からも、物資を楽に運べるのである。二つの川の上流にあたる大宰府は平たい緩い峠になっていて、水嵩を上げれば、舟は自由に動ける場所なのである。大陸の杭州から洛陽までに築かれ繁栄をもたらした大運河を隋の文帝は（AD584年）広通渠《こうつうきょ》を完成させ、次に煬帝はAD605～610年の間に通済渠《つうさいきょ》・邗溝《かんこう》・永済渠《えいさいきょ》・江南河《こうなんが》を開削して、北京の近くのタングンまで完成している。南船北馬と言われている、南船の故郷を持つ抵抗勢力や呉などの渡来人にとって、運河は既知の存在であったであろう。従って、白村江の戦いの時、運河としての水城は既にあって、戦いに敗れて玄界灘からの攻撃に備える為、水城の外側に堀を設けて改修したと思う。大伴旅人将軍も船で隼人に向かっている。魏志倭人伝でも「不弥国」より南に舟で向かっている。「運河」はその昔からあったと思う。

最後に台明竹について万遊の入り口脇に植えてある竹を再度調べてみた。台明竹にとてもよく似ているのだが、節間が短い竹であった。昔、父が植えた物

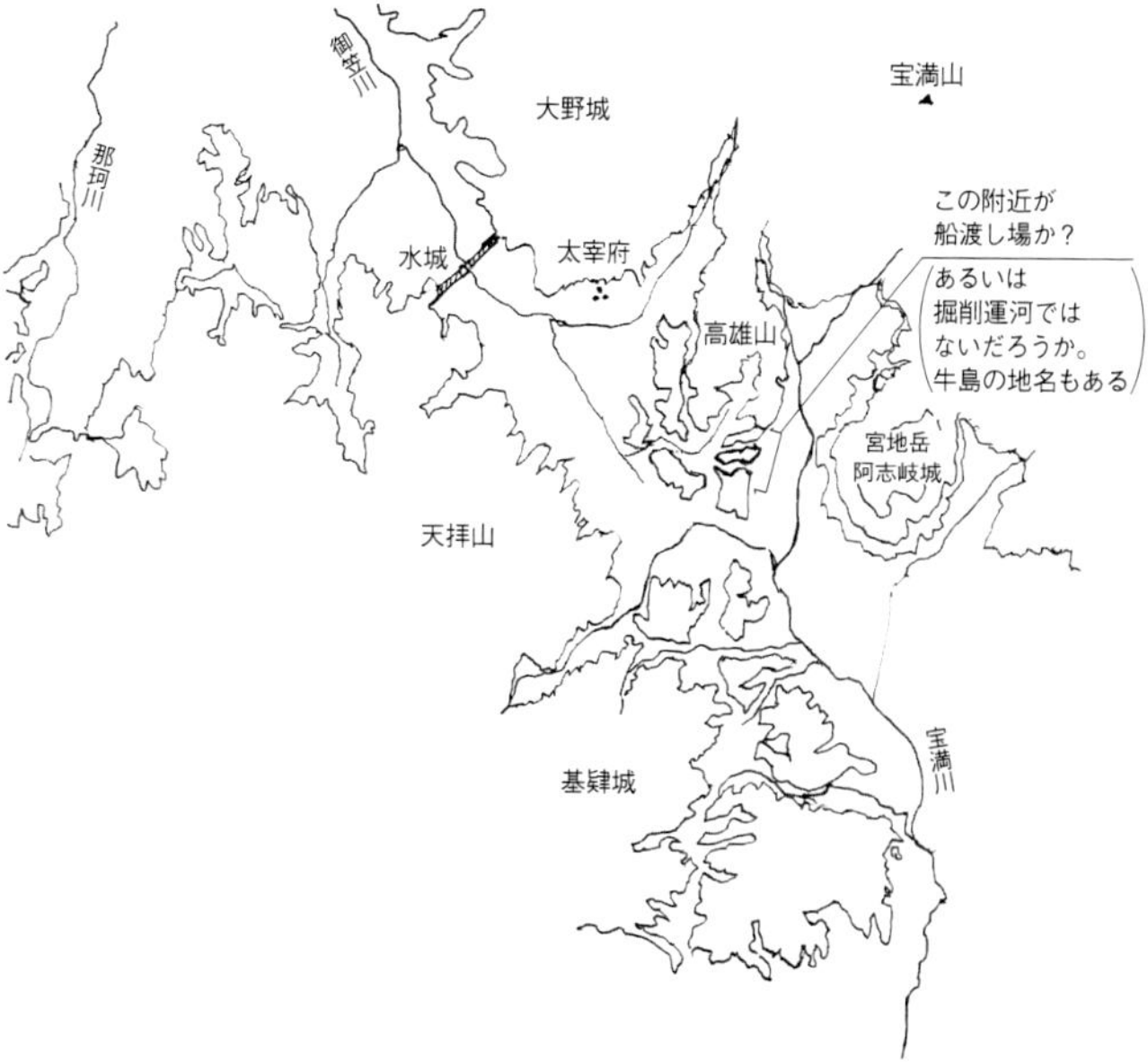
御笠川
宝満山
大野城
那珂川
この附近が
船渡し場か？
水城
太宰府
あるいは
掘削運河では
ないだろうか。
牛島の地名もある
高雄山
宮地岳
阿志岐城
天拝山
宝満川
基肄城

大宰府水城考図

の半分以下の節間だった。台明寺の流れを酌む日枝神社の青葉竹を確認したら、やはり、万遊の2倍から3倍弱の節間であった。しかし、日枝神社の青葉竹は木々に囲まれて日差しを受けない寂しい場所にひっそりと生き延びているようで、他の人家の庭や公園を探して回ってみたが、見当たらなかった。保護すべき植物ではないかと思う。また、姫城の山城は昔の白い崖は少なくなり、殆ど緑に覆われて、下がり松は見当たらず葛に覆われて荒山となっている。なげきの杜の空洞の枯れ楠も、以前と比べ小さく、その内見られなくなるのではと不安である。何らかの保護策が必要と私は思う。

反省

　さて、国分の府中にある向花小学校の敷地で出土した直刀について、本文中、三累環頭直刀を征服者側の遺跡であろうと、安易に述べたが、よくよく調べてみたら、どうもそうとは言えないようだ。金銅製のシンプルで整った太刀で、小穴を3個重ねた独特のデザインで柄は糸巻きで、刀身は絹と麻で覆い、その上を膝で覆っている。とても丁寧な造りで、勘違いしてしまったが、須恵器や刀子や小刀も一緒に出土している。また、離れて鍔付き太刀3本、鉄鏃、土師器の紡錘車や杯などが出土している。しかし、敷地拡張工事中の出来事で、事後の聞き取り調査による記録である。昭和28年12月学校の西側台地の地下1・2〜1・7mの砂地層に水平にあったそうだが出土遺構ははっきりとしてない。非常に残念である。平岡の貝塚が無下に破壊されてしまったのと同じく無念。しかし、三累環頭直刀は他に類を見ないもので、中国の丸環直刀は大きい丸環だけで、馬上で紐を通して振り回して使うためにあった。朝鮮半島や日本で見つかっているものは丸環の中に飾りの彫り物を入れているもの殆どである。これは、「クマ・ソウ」の独特のデザインであったのではなかろうか。三つの穴には絹織物の錦を飾る紐であったのではないかと思いを馳せる次第である。さて、この発掘現場の地名は「向花（むけ）」と古くから言われてきている。今まで気に留めていなかったが、360度見渡しても、とても見晴らしの良い所だ。北を望めば、姫城の山城が正面にあり、シラス台地の崖上の奥には霧島連山が全て見え、南には浜の市の小島、錦江湾そしてその奥には桜島が控えている。今まで気づいていなかったが、長崎の出島のある場所に似ていると思う。西側に浦上川が流れ、東側に中島川が流れて、その合流点が出島でその向かいが元長崎県庁跡の小高い場所になってとても眺めの良い場所である。浦上川が天降川で、中島川は鼻連川《はなずれがわ》とすれば、向花小学校は元県庁跡にあたる。向花から姫城までは小高い場所となっていて、水害とはならない場所である。長崎の諏訪神社の場所は姫城の稲荷神社に例えられる。長崎は鶴の港と江戸時代から言われているが、この向花も遥か古代から良港であったと言える。万葉集の歌碑から明治大正の時代まで色々な歌人が訪れている。「気色の杜」「こがの杜」「なげきの杜」にはいろいろの詩歌が見える。古代の人も眺望の良い「向花」と言う、交易先である中華の花へ向かう意味の場所に墓を設けたいと思ったのだろうか。砂地の場所に設けたようである。今後の発掘の成果を期待したい。

参考資料

図説　地図とあらすじでわかる！　史記　青春出版社　渡辺精一
中国歴史地図　平凡社　朴漢済・著　吉田光男・訳
隼人の古代史　平凡社　中村明蔵
古代の福岡　アクロス福岡文化誌編纂委員会
日本の古代遺跡38　鹿児島　保育社　河口貞徳
九州の古代官道「海路」第12号　海鳥社　「海路」編集委員会
新説倭国史　ブイツーソリューション　山本廣一
倭人と鉄の考古学　青木書店　村上恭通
図説中国文明史2　殷周：文明の原点　創元社　劉煒ほか
熊襲は列島を席巻していた　ミネルヴァ書房　内倉武久

著者プロフィール

福盛 修（ふくもり おさむ）

昭和23年生まれ。鹿児島県出身。
長崎大学卒業。
福岡県在住。

熊襲城の真相探究

2023年8月15日　初版第1刷発行

著　者　福盛 修
発行者　瓜谷 綱延
発行所　株式会社文芸社
〒160-0022　東京都新宿区新宿1－10－1
電話　03-5369-3060（代表）
03-5369-2299（販売）

印　刷　株式会社文芸社
製本所　株式会社MOTOMURA

ISBN978-4-286-24308-5